Herstellung: Books on Demand GmbH
ISBN 3-8311-2081-1

Aegypten

Land der heiligen Katzen und launischen Autos

Text und Abbildungen von

Gabriele Wilson

Welche Automarke war es doch?

Vergessen! Jedenfalls schnittig tiefgelegt, goldorange schimmernd in dezentem Kontrast zum braungelben Wüstensand, der Kairo umgibt . Dieser Sand überzog bei Sturm alle Fahrzeuge, Balkone und Sessel mit einer rötlichen Schicht . So wenig die Autos in dem heißen Land unter Rost zu leiden haben, so sehr verstopft ihnen der Sand Augen und Nase. Auch ohne besonderen Wüstensturm vollzog sich während meines Aufenthaltes in Aegypten jeden Tag das folgende Ritual: der Hausmeister in weißem Gewand erschien kurz nach 5 ½ Uhr früh verschlafen mit einem Federwedel auf der Straße, um mein Auto, das zu seinen Gartenpflichten gehörte, fein säuberlich abzustauben. Nach dieser Leistung blickte er Lob heischend auf zu meinem Balkon. Aber meistens

schlief ich natürlich noch. Wenn ich gute
vier Stunden später vor meinem Auto
Mustafa stand, war die Windschutzscheibe
bereits wieder leicht versandet, so dass ich
meinen eigenen Wedel betätigen musste,
um Mustafa eine klarere Sicht zu
verschaffen.

Mustafa, diesen Namen gab ich meinem
neuen Gefährten, den ein Händler mir
verdächtig innig angepriesen hatte. Er
schien irgendwie erleichtert, als er mich
endlich in diesem Auto davon fahren sah.
Gut, sagte ich mir, er hat eben zu viele
Wagen herum stehen. Aber bereits drei
Tage später sollte ich den Seufzer der
Erleichterung verstehen, den der Händler
von sich gab, sobald er das Auto los war.
Ich hatte es unbedingt haben wollen. Und
Habgier macht eben blind.

So ein schönes Auto, so ein großes Auto!
Nie würde ich ein derartiges Gefährt in
Deutschland besitzen oder auch nur
besitzen wollen! Aber in diese ruhige,

beinahe vornehme Straße von Mohandissu,
wo ich eine Wohnung gemietet hatte,
passte das Auto , und es passte auch zu
dem veränderten, irgendwie von Sagen
umwobenen Wesen, zu dem ich dort
geworden war: eine Deutsche, keine
Engländerin ‚das war sehr gut! Und ganz
alleine, ohne Mann, Mutter oder Tante.
Das war mehr als erstaunlich! Und sie
schleppte Malblöcke mit sich herum, sie
erzählte, dass sie Büffel malen wolle, und
dass sie eine Ausstellung haben werde in
der Nähe vom größten Platz in Kairo, dem
Midan Tacharir. Außerordentlich!
Die Vermieterin wohnte im Stockwerk
unter mir. Sie vertraute mir bereits beim
Einzug ihre geheimsten Gedanken an, die
vorwiegend erhaben religiöser Natur waren
.Außerdem verriet sie mir, dass sie unter
Furunkeln und Hexenschuß leide. Gegen dies
Übel habe der
Arzt Spritzen verordnet, die ihr für
gewöhnlich eine in der Nähe wohnende

Freundin verabreiche. Leider sei diese
gelernte Krankenschwester jedoch für einige
Wochen verreist. Und ob ich nicht
vielleicht...

Man sieht, die Menschen in Kairo trauten
mir einfach alles zu! Ob das noch irgend wie
mit dem Markensymbol „ made in Germany"
zusammen hing?

Ich nahm mir ein Herz und stach in das
wabbelige Fleisch, das bereits zwei Mal den
heiligsten Ort Mecka erblickt hatte.

Ich verlangte keinen Mietnachlaß für diesen
Liebesdienst. Eigentlich hätte ich es tun
sollen, denn der Preis war für aegyptische
Verhältnisse sehr überhöht.

Das lag daran, dass die Hauseigentümerin zumeist an die reichsten Araber der Welt vermietete, die der geringeren Hitze wegen den Sommer gerne in Kairo und Alexandria verbringen statt in den Emiraten. Diese meist fettleibigen, krummnasigen Vettern wurden keineswegs um ihrer selbst willen geliebt. Aber Geld ist eine schöne Sache und verbrämt jeden menschlichen Mangel.

Ich bin mit meiner Erinnerung weit voraus geeilt und möchte mich zunächst dem Land zuwenden, in dem ich mich nach relativ kurzem Flug befunden habe: Dies Land der Pharaonen hat viele verschiedene Gesichter. Dem Fremden kann sich in Aegypten zugleich die Heiterkeit eines Garten Edens offenbaren und die Bedrückung mühsamen Atmens zwischen Abfallbergen , von krallender Hitze im Nacken und Sand auf der Zunge belästigt.

Ein Tourist als Gruppenreisender wird von diesen Eindrücken weitgehend verschont bleiben . Ich aber wollte nach meinem ersten Besuch, der mich zugleich fasziniert und abgestoßen hatte, unbedingt mehr erfahren über dieses geheimnisvolle Land. Beim ersten Anflug hatte mich der Anblick der nordafrikanischen Küste fasziniert, dieses schier endlosen, von weißem Schaum gesäumten Uferbandes. Es herrschten klare Sichtverhältnisse. Ich konnte im Landesinneren jede Falte des weit ausgebreiteten Wüstenkörpers erkennen.

Von hoch oben sahen die steinigen Wadis, dunkel in den Sand gebettet, wie sich schlängelnde Flüsse aus, wie Verästelungen von Zweigen oder Wurzelsträngen. Es sind meandernde Urformen des Lebens, an das Gleiten von Schlangen erinnernd, an die Muster des Windes in hohem Gras. Die Wolkenschatten lagerten wie fette Kühe

auf der Wüste, lösten sich auf, ballten sich
erneut zusammen. Ihre rauchblaue Farbe
vertiefte sich in den scharf gezeichneten
Wadis zu dunkel-violetter Intensität.

Die Linien, die ich tief unter mir studieren
konnte, glichen zugleich auch den
arabischen Schriftzeichen, dieser Schrift
der Abstraktionen, die das Element der
Vokale vernachlässigt. Sie ist voller Poesie
und fließt in natürlich gleitendem
Rhythmus dahin.

Ich hatte zwar in meinem Arabischkurs
nicht gerade gut abgeschnitten, doch umso
weiter öffnete sich mein Herz im Lande
selbst dem Zauber der arabischen Sprache.
Während ich noch über die rätselhaften
Schriftzüge im Sand nach dachte, drehte
das Flugzeug bereits eine weite Schleife
über Kairo. Die Sonnenstrahlen
durchbrachen eine flockige Dunstschicht
und ließen die goldbraune Stadt
aufleuchten wie eine Verheißung.

Nach der Landung wich meine
abgehobene Beschaulichkeit schnell den
harten Gegebenheiten.

Da waren zunächst einige verstreut tätige
Zollbeamten, die mir ein Visum zu extrem
unterschiedlichen Preisen anboten. Der
Engländer neben mir, mit dem ich
während des Fluges geplaudert hatte,
bezahlte ohne Murren viermal so viel für
den Erwerb des gleichen Scheines ‚den
ich für mein bestes Lächeln schließlich um
dreißig Mark bekam. Nach der letzten
Paßkontrolle hatte ich, nach dem ich mir
den Schweiß aus den Augen wischte,
endlich Gelegenheit, mich umzusehen in
dem wimmelnden Ameisenhaufen, in den
ich geraten war. Die drängelnde
Menschenmasse schob mich vor die Tore
des Flughafens. Das drängte, hupte, blökte,
schrie und stieß aus allen Richtungen in
alle Richtungen!

Einen Augenblick beneidete ich die
Touristen, die, einem roten Fähnchen

folgend, zu einem luftgekühlten Bus
geleitet wurden, der sie jeder weiteren
Verantwortung enthob . Doch dann raffte
ich mich auf und rief ein Taxi herbei.

Auf dem Weg zur Innenstadt bewegte sich
mein Taxi in einem bunten Wirbel , der
trotz aller Hindernisse einer bestimmten
Richtung zu folgen schien, während ich
pausenlos das Taschentuch übers Gesicht
führte.

Dies war für mich eindeutig die falsche
Jahreszeit. Ich beschloss bereits damals im
Taxi, es kurz zu machen und im Spätherbst
für viele Monate wieder zu kommen , um
hier zu malen und mit meinem
ausgedorrten Gemüt wie mit einem
Schwamm die tausend fremdartigen
Eindrücke aufzusaugen.

Der bedrängende Eindruck, in einem
hitzestrahlenden Chaos aus Sand und Stein
gefangen zu sein, hielt während der ersten
Tage in Kairo unvermindert an. Ich
erinnere mich, wie ich einmal auf der

Erhebung der Zitadelle stand und hinunter sah auf das Meer von lehmbraunen, mit Gerümpel und Schutt bedeckten Flachdächern. Es war zur Gebetszeit. Aus allen Richtungen erhoben sich die Stimmen der Muezzin, der Vorbeter, durch Lautsprecher zu unerträglicher Lautstärke verzerrt. Sekunden lang befiel mich die Vorstellung, auf eine zerstörte Stadt zu blicken, die nach einem Angriff in Trümmern lag, während ein langgezogener, vielstimmiger Klagegesang erscholl. Ich erschauerte in der Hitze. Vom Lärm und den abendlichen Stechmücken geplagt schlich ich, sobald die Hitze nachließ, müde durch staubige Straßen. Erst allmählich entdeckte ich die reizvollen Seiten dieser Stadt. Die gewaltigen erdbraunen Bauten aus der Zeit der Kalifen, die Menschen in wallenden Gewändern, die mich freundlich anlachten. Da gab es blühende Bäume, Minarette und Terassen am Nil, die sich im Wasser spiegelten. Alleen, die nachts von Apfelsinenpyramiden gesäumt waren und im Kerosin-Licht der Händler weihnachtlich fröhlich strahlten. Da waren Parks mit wunderbaren Bäumen, Villen, Segelboote, Moscheen und das uralte Viertel der Basare. Ich entdeckte auch stille Bereiche, in denen man rasten konnte am Rande der Betriebsamkeit.

Schließlich gewann ich diese Stadt, die mich zunächst abgestoßen hatte, sogar besonders lieb.

Noch mehr aber wuchs mir die Landschaft ans Herz. Die nahe und weitere Umgebung von Kairo. Immer wieder hatte ich den Eindruck, dass unser Leben so gemeint sein muß, so verbunden mit der Erde und im Einklang mit sich selbst, wie ich dies erfahren konnte im dem Land, das als fruchtbare Oase beide Ufer des Nils säumt.

Ein Bauer zum Beispiel, in seiner sandfarbenen Galabya auf einem

Lehmmäuerchen hockend: er schaut, er ist einfach da. Unten auf der Straße stehen neben einander seine Lederpantoffeln. Er kann seine Schuhe abstellen, wo er will. Er ist überall zu Hause.

Bevor ich ein Auto hatte, ging ich gern mitten im Zentrum von Kairo am Nil spazieren. Gegen Abend, wenn die schüchternen Paare auf und ab wandelten. Verträumt, verliebt, frustriert. Ich habe es selbst erfahren müssen: es ist leichter, dass ein Kamel auf einem Dach spaziert, als dass es gelänge, irgendwo in dieser Riesenstadt einen Kuß zu tauschen. Bereits im Eingangsbereich oder vor den Lifts der Hotels wacht einer der Männer, die unter den Treppen schlafen, über die Moral. Ich saß- viel später oder in dieser Erzählung überhaupt nicht - einmal mit einem bezaubernden Aegypter auf der Bank vor meinem ersten Hotel. Als er mir etwas ins Ohr flüsterte und seine Lippen sich in meinem Haar verirrten, war der rechtschaffene Mann sogleich zur Stelle und drohte mit der Fremdenpolizei. Was bleibt also den einheimischen Paaren anderes als endloses Auf und Abwandern mit ineinander verschlungenen Händen? Die Verlobungszeiten sind noch dazu oft endlos lange, weil der Zukünftige nicht die nötige Anzahl an Kamelen oder sonstigem Hausrat aufweisen kann, um sich eine Frau zu nehmen. Traurig, traurig...

Der Pfad, den ich entdeckt hatte, war der Boulevard der kleinen Leute. Nur selten traf man einen Rucksacktouristen und niemals die eleganten Leute aus den Luxushotels, obwohl diese ganz nahe an den Nil geklotzt waren, nur von einer viel befahrenen Straße vom Uferrand getrennt. Auf meinen abendlichen Gängen beeindruckten mich vor allem die großen Bäume, die ich Luftwurzel-Bäume nannte, weil ein Gewirr von frei hängenden Wurzelfasern zu Boden hing und sich teilweise wieder mit dem Erdreich verband zu einem Kreislauf steigender und fallender Säfte.

Die Stämme dieser Bäume waren ein Labyrinth ineinander verklammerter Ranken. Die von braunen Adern durchzogene Rinde bildete ein faseriges Netzwerk, in dem verborgene Mythen und Rhythmen lebten. Ich fühlte mich hingezogen zu den uralten Baumgestalten, die der Hitze und dem Sandsturm so vieler Jahre getrotzt hatten.

Bei meinem ersten Spaziergang am Nil, als bereits die ersten Fledermäuse weich und zärtlich die Luft zu streicheln begannen, aß ich versonnen eine Tüte Paranüsse leer, knüllte sie zusammen und warf sie in einen bereitstehenden Papierkorb. Gleich darauf kam ein alter Mann und schöpfte mit einem seitlich befestigten Becher Trinkwasser aus meinem Papierkorb. Ich fühlte mich sehr beschämt, wartete einen möglichst unbeobachteten Moment ab und

Wasserverkäufer von hinten

fischte mit hochgekrempeltem Arm nach der Tüte im Wasser.

Ich liebte die abendlichen Stunden, wenn die Lichtreklamen aufzuckten und die Fledermäuse wie Luftgeister sanken und stiegen. Unterhalb der Böschung entfachten Fischer ihre Holzfeuer . Sie wedelten die Glut mit Palmblättern. Es roch nach gebratenem Fisch, gerösteten Mandeln, Rauch und brackigem Wasser. Einige Feluken trieben noch träge im Strom mit erschlaffenden Segeln. Braunes, tagwarmes Tuch. Sie waren die Götter der kleinen Fledermäuse, die in weitem, samtenem Flug ihre Verehrung erwiesen. Ab und zu erhob sich im gleichmäßigen Geräusch der oberhalb vorbei fahrenden Autos das Klappern von
 Pferdehufen . Sie zogen die scharlachrot gefütterten, messingbeschlagenen Kutschen , aus denen sich die Köpfe der

Fahrenden beugten, um mehr zu sehen, als der geschlossene Schlag es erlaubte.

Im Wasser schaukelten elegante, moderne Boote. Das Tuch der Gestänge war aufgerollt. Auf den seitlichen Polsterbänken schliefen Kinder, wohlig zusammengerollt wie kleine Hunde. Etwas weiter ab vom Zentrum stieß man auf die Wasser-Kolonien der Boatpeople . So werden die Menschen genannt, die ihr gesamtes Leben auf kleinen Hausbooten verbringen. Man sieht die Frauen Wäsche oder Geschirr waschen, während die Männer rudern und Netzte auswerfen. Die Kinder stehen aufrecht im Boot und schlagen zwei Hölzer zusammen, wodurch ein Klang erzeugt wird, der die erschreckten Fische in ausgelegte Netze treibt. Die Jüngsten sah ich oftmals auf dem Boot von einem Bein aufs andere hüpfen mit schlecht zu bemeisterndem Bewegungsdrang. Durften sie irgendwann, an den Freitagen (unseren Sonntagen) vielleicht das Boot verlassen und Fußball spielen auf einem staubigen Platz? Eine Schule besuchen sie nicht. Sie lernen auf dem elterlichen Boot alles, was sie fürs Leben brauchen. Geschlafen wurde unter den Querplanken oder Sitzbänken mit den Köpfen zur Mitte.

Diese Boatpeople arbeiten, streiten, lieben , werden geboren und sterben auf ihrem Kahn. Wird es einem der Söhne zu eng, so erwirbt er ein eigenes Boot, mit dem er dann, dem Elternkahn noch immer nahe, gemächlich Tag für Tag den Nil hinauf rudert und sich wieder abwärts treiben lässt auf der Suche nach Fischen. Gegenüber vom Ramses-Hilton Hotel lagen auch einige große Vergnügungsdampfer vor Anker. Eines Tages, als es besonders heiß zu werden drohte, bestieg ich mit vielen fröhlich lärmenden Aegyptern eines dieser Schiffe. Es war ein alter Schiffsrumpf, der sich trotz bereits abblätternder Farbe stolz über das Nilwasser erhob, das genau so wenig grün ist wie die Donau blau. Vielmehr eignet beiden Flüssen je nach Beleuchtung eher eine schlammig hellbraune Färbung. Wir saßen dicht gedrängt unter einer Plane, die uns vor der direkten Sonneneinstrahlung schützte. Der Dampfer fuhr bis El Qanatir, wo der Nil sich in zwei Arme teilt, die sich danach zum Delta verästeln.

Sobald das Schiff sich in träge Bewegung versetzt hatte, bemerkte ich, dass ich zwischen eine vielköpfige Familie zu sitzen gekommen war. Die Großmutter packte sogleich einen Korb mit Proviant aus, während einer der Enkel sein Kofferradio auf Hochtouren brachte. Die Mutter schlug einen Tamburin zu den schnellen Viererrhythmen, während die Jüngste mit einem graziösen Bauchtanz begann. Da es ihr an der notwendigen Leibesfülle fehlte, sah ihr Tanz so aus, als bewege sich eine Wasserpflanze in heftiger Strömung. Die verschiedenen Brüder und Schwestern schlossen sich dem Tanzen an, wobei jeder eine kleine Solonummer präsentierte, unter Gelächter beklatscht von der übrigen Familie. Bei der nächsten Melodie begannen auch einige Frauen zu tanzen, die aber nur wenige Schritte wagten, während die Enkelin bereits in eine mitgebrachte Gurkenscheibe biß. Noch kauend warf sie die dünnen Arme wieder über den Kopf und begann sich erneut in den Hüften zu wiegen. Sie sah immer wieder zu mir herüber und ich verfolgte gebannt ihren schlangengleichen Bewegungen, bis die Großmutter begann, Fladenbrote zu verteilen, aus denen eine weiche Masse quoll. Als auch mir ein Brot angeboten wurde, lehnte ich dankend ab. Die Regel, weder ungekochtes Wasser noch rohe Früchte und Salat in den Mund zu nehmen , habe ich immer eingehalten, nach dem ich von den furchtbaren Durchfällen

gehört hatte, die das Nichtbeachten für uns
Weißgesichter mit sich bringen kann. Um
jedoch meine grundsätzliche Bereitschaft
zu Geselligkeit kund zu tun, stand ich auf
und tanzte einige Cha Cha -Schritte unter
der niedrig hängenden Plane. Damit war
das Eis gebrochen. Die älteren Kinder, die
in der Schule Englisch lernten,
radebrechten mit mir und übersetzten
eifrig ihren Eltern und der Großmutter
jedes meiner Worte. Alle saßen nun auf
den Planken und auf den Bänken um mich
geschart. Ich erwarb von einem weiß
gekleideten Matrosen eine Cola für jedes
Familienmitglied, womit ich mich für alle
Zeiten beliebt machte. Nach den üblichen
Fragen zu meiner Person trug man mir an,
den Nachmittag doch mit ihnen zu
verbringen. Ich versuchte aus der kleinen
Fatma heraus zu bekommen, was man
denn geplant habe. Ich verstand nach
einigem Radebrechen sogar das arabische
Wort für Garten „ hodega". Sofort

servierte mir mein Hirn, mein
Gewohnheitstier, die Fatamorgana eines
grünen Parkes wie zum Beispiel dem
Englischen Garten in München, wo wir
alle ein ausgedehntes Picknick unter
schattenspendenden Bäumen machen
würden. Ich sagte also freudig zu. Fatma
lehnte den Kopf gegen meine Schulter und
ging Hand in Hand mit mir zu der
Kutsche, welche die Familie nach der
Landung angeheuert hatte. Wir waren
insgesamt elf Personen. Die Kutsche bot
außer dem Kutscher vier, höchstens fünf
Plätze. Aber wir schafften es, uns alle Elf
hinein zu drängen. Fatma saß auf meinem
Schoß. Zwei Jungen lagen uns zu Füßen
quer auf dem Kutschenboden, so dass wir
versuchen mussten, sie nicht zu treten. An
jeder Seite hing dann noch je ein Junge aus
der Kutsche, der sich am Kutschendach
festhielt , während ein Bein in der Luft
baumelte.

Langsam wankten wir auf diese Weise
über den Staudamm und in eine
baumbestandene Allee hinein, die rechts in
Richtung Meer abbog. Aber so weit kamen
wir nicht. Nach etwa zwei Kilometern
hielt die Kutsche. Wir stiegen nach
einander aus , und ich folgte der Familie
noch etwas taumelig im Gänsemarsch den
schmaleren Nilarm entlang, der immer
noch prächtig genug durch die Wiesen
dem Meer zu strömte. Kein Baum , kein
Schatten ! Die Lage erschien mir mehr als
bedenklich, als wir kurz darauf zu einer
kleinen Zeltkolonie gelangten. Eines der
leerstehenden Zelte nahm die Familie in
Beschlag. Der Proviantkorb kam zunächst
einmal in den Schatten. Daraufhin
verschwand die Großmutter im Zelt, um
sich umzuziehen. Ich beobachtete zwei
fremde Schelme, die im Wasser stehend
von der anderen Seite aus die Zeitplane
vorsichtig einige Zentimeter hoch hielten
und beim Umkleiden zusahen mit kaum

unterdrücktem, nervösem Gekicher . So war es also trotz strengster Regeln möglich, auch in diesem Land einige konkrete Erfahrungen hinsichtlich des anderen Geschlechtes zu sammeln !

Die Jugendlichen waren sogleich ins Wasser gesprungen mit allem, was sie am Leibe trugen. Nun teilte sich die Vorderfront des Zeltes und die majestätische Fülle der Großmutter kam hervor. Sie trug ein geblümtes Badekleid, das bis zu den Knöcheln reichte. Die Enkelin kam herbei in ihren klatschnassen Geans und führte die Großmutter vorsichtig an der Hand in die Fluten. Ich stand beiseite und sah zu . Selbst wenn ich einen Badeanzug dabei gehabt hätte, wäre dieser hier als anstößig empfunden worden. Im Gedanken an die zweistündige kühlere Rückfahrt getraute ich mich aber auch nicht mit meinen Geans ins Wasser. Auch dachte ich an die gefährliche

Krankheit, die man sich in träge fließenden
Gewässern holen kann und an die tausend
Abwässer, die ab Kairo den Nil
anreichern. Gestützt auf die Enkelin ließ
die Großmutter derweil mit kleinen
Angstschreien ihre schweren Schenkel in
die Fluten gleiten.

Die Stunden vergingen. Mir war einfach
unerträglich heiß, während die Anderen
sich lachend und prustend im Wasser
balgten. Als die Familie, aus allen Poren
triefend, auf den ausgebreiteten
Badetüchern saß ,und die Großmutter
wieder in strenges Schwarz gehüllt dem
Zelt entstieg, bat ich sie, mir ihr Badekleid
zu leihen. Und so plagte ich mich in der
Dämmerung des Zeltes mit einem nassen
Stoff ab, der sich an jedem
Körpervorsprung festhalten wollte.

Endlich stieg ich, sehr mutig, wie mir
schien, in den märchenumwobenen Nil.
Ich ging nicht sehr tief hinein und hielt den
Mund krampfhaft geschlossen, um keinen

Tropfen zu schlucken. Aber immerhin brachte mir dieses Bad willkommene Kühlung und ist ohne schlimme Folgen geblieben.

Wie ich bereits bei der Großmutter beobachten konnte, zeichnen sich die weiblichen Formen unter einem solch nassen, dünnen Stoff des Badekleides viel deutlicher ab als im raffiniertesten Bikini. Aber irgendwann musste auch ich wieder an Land gehen. Ich tat es, errötend unter den vielen kohlschwarzen Augenpaaren, die sich an meinen Körper hefteten wie ein Schmetterlingsschwarm.

Auf dem Heimweg traf man keine Kutsche an, es war auch bereits kühler geworden. So liefen wir müde aber angenehm erfrischt den Weg zurück. Ich sah einige Kinder, die sich an den festen, langen Luftwurzeln der Bäume weit in die Luft schwangen über den Strom.

Ich war begeistert, stellte meine Tasche auf den Boden und hängte mich auch an einen solchen Wurzelstrang. Doch fehlte mir der Mut, mich abzustoßen.

Als wir wieder den Landeplatz erreichten, war ein regelrechtes Volksfest im Gang. Händler boten Mandeln, Pistazienkerne, Sesam und rote Süßkartoffeln an. Gänse watschelten zwischen den Menschenbeinen, Esel trabten auf der Uferböschung. Kinder wateten nahe dem Ufer im Wasser. Sie hielten den Saum ihrer langen Galabyas mit den Zähnen hoch , um beide Hände frei zu haben für den vergeblichen Versuch, ein Fischlein zu fangen.

Zwei Musiker spielten volkstümliche Weisen mit näselnd traurigem Klang .Ein Mann in weißer Galabya und dunkler Weste vollführte wilde Sprünge dazu. Seine Bewegungen erinnerten an griechische Volkstänze, waren jedenfalls sehr anders als das Hüftenwiegen und Bauchkreisen, das ich auf dem Schiff erleben konnte. Fatma ging immer neben mir. Wenn ich ihre Hand los ließ, suchte sie schnell wieder den Kontakt. Es machte mich glücklich, so angenommen zu sein. Wir kletterten wieder über den schmalen

Musikanten

Ein Tänzer

Steg zum Schiffsleib hinüber, der seine rostigen Schwären im Wasser kühlte.

Auf der Rückfahrt blieb es ziemlich still an Bord. Fatma schlief ein mit dem Kopf auf dem Geländer. Ich hatte Muße, die vorbeigleitenden Ufer zu betrachten: Palmenhaine, Zuckerrohr, Eukalyptusbäume und Bananenplantagen. Dazwischen Lehmbauten, winkende Frauen bunt in die Landschaft getupft mit wehenden Gewändern und Kopftüchern. Ab und zu kamen wir auch an einem alten Fabrikgebäude vorbei. Diese Fabriken stammen aus dem neunzehnten Jahrhundert und dienten der Ziegelherstellung.

Es begann zu dämmern. Die Uferwege verschwammen mit dem Graugrün der dahinter liegenden Palmenhaine. Ab und zu plagte sich ein Esel noch im Kreis mit einem Wasserrad. Dann wieder eine verlassene, zerfallende Fabrik , herrlich rot im Abendschein. Wie Blüten mit orangeroten Kelchblättern und dunklem Schlund lockten sie den Blick in ihr schwarzes Innere, während die Treppen unter freiem Himmel kreisend anstiegen, um vor dem zartblauen Gewebe aus Luft und Unendlichkeit als Plattform zu enden. Waren dies tatsächlich Fabriken, oder fremdartige Sakralbauten?

Es wurde bereits dunkel, als wir wieder in Kairo ankamen. Nach herzlichem Abschied verlor ich meine Familie rasch aus den Augen und schlenderte den Nil entlang. Schon leuchteten die Lichterketten der großen Hotels am anderen Ufer hinter den Scherenschnitten der hoch gewachsenen Uferpalmen.

Immer noch hatte ich kein eigenes Auto und war viel zu Fuß unterwegs , musste mich herum schlagen mit überfüllten Bussen, pflastergewohnten Tierherden, Volksaufläufen und Elevators. Die Bedienung von diesen Aufzügen erforderte besondere Strategien. Die eine Hälfte der Lifts leidet unter funktionellen Störungen, die andere ist schlichtweg verhaltensgestört. So gibt es so gut wie keinen Lift, der bereits im ersten oder zweiten Stock hält. Wer beinleidend oder herzkrank ist, sollte sich in einer Sänfte die Treppen hoch tragen lassen. Leider gibt es Aufzüge, die sogar bis zum dritten und vierten Stock ohne Unterbrechung durch fahren. Wohnt man unterhalb, kann man bestenfalls treppab gehen. Die Griffe der Lifttüren in den unteren Stockwerken sind einfach abmontiert , um erst gar keine Illusionen zu wecken. Ich befragte einen gebrechlich wirkenden Herrn, was das wohl zu bedeuten habe. Er ließ durchblicken, dass diese Maßnahme mit der Bekämpfung von Terroristen zu tun habe, ebenso wie die nächtlichen Wachen, die vor etwa jedem zehnten Haus der Innenstadt postiert sind. Verwirrend. Die Soldaten, im Winter schwarz, im Sommer weiß uniformiert, wurden mir übrigens zum vertrauten Bild. Gegen Morgen schliefen sie, auf den Randsteinen hockend, über ihre Gewehre gebückt häufig ein.

Zurück zu den Lifts: eine alte Dame, die seit Jahren ein Miethaus bewohnte und seit einiger Zeit Probleme mit dem Treppensteigen hatte, klagte mir ihr Leid. Aufwärts konnte sie mit einiger Geschicklichkeit den Aufzug im dritten Stock zum Halten bringen, indem sie im rechten Moment während der Fahrt die innere Lifttüre öffnete. Das erforderte Präzisionsarbeit, damit sich die Aufzugsschwelle in der Höhe des Flurbodens befand. Andernfalls musste sie eine große Stufe aufwärts steigen oder herunter springen. Wie aber konnte die Dame mit diesem Lift abwärts fahren? Sie hatte eine herrlich unkonventionelle Idee. Sie kaufte eine blecherne Panflöte, die im Treppenhaus mächtig widerhallte. Stolz führte sie dem Hausmeister, der unter der Treppe hauste, ihre Flöte vor und gab ihm schon vorab zehn Pfund und eine alte Handtasche für seine Tochter. Dann erklärte sie ihm ihren Plan. Sie würde pfeifen, worauf er kommen würde, um sie mit dem Lift abzuholen. Tags darauf machte sie den ersten Versuch. Der Hausmeister jedoch hatte nicht begriffen oder wollte nicht begreifen. Vielleicht mochte er auch einfach nicht nach ihrer Pfeife tanzen.

In Behörden oder Krankenhäusern haben die Aufzüge häufig noch eine andere Besonderheit. Am Türknauf hängt das bekannte Schild in arabischer und englischer Sprache:" elevator out of order". Man mußte sich dadurch nicht entmutigen lassen. Es bedeutete lediglich, dass man dem stets in der Nähe lauernden Hausmeister ein Bakschisch zu geben hatte, damit er den angeblich schadhaften Aufzug in Bewegung setzte. Es war das

alte „Sesam öffne dich!", die
Zauberformel, die hier ihre Wirkung
zeigte. Auf Arabisch heißt das: „ Efta, efta,
ya Semsem!"

Die erstaunlichste Fahrstuhl-Erfahrung
machte ich in der Kairoer Oper. Ich stand
erwartungsvoll vor dem modernen Lift,
der mich in die höchsten Ränge bringen
sollte.

Leider funktionierte er nicht. Kein Schild,
nichts. Also befragte ich einen der
herumstehenden livrierten Diener. Er
sagte, dieser Lift fahre nur, wenn der
Präsident eine Opern - Aufführung
besuche. Da dies heute leider nicht der Fall
sei, müsse ich zu Fuß gehen.

Als ich einige Wochen später wieder
diesen Lift benutzen wollte, der
abgeschlossen war, fragte ich nochmals, da
mir die erste Auskunft etwas schwer
nachvollziehbar erschienen war. Diesmal
hieß es, der Lift fahre heute nicht, weil die
Frau des Präsidenten die Aufführung

besuche. Ich stutzte einen Augenblick, und verstand dann endlich, dass dieser schöne, chromblitzende Aufzug nicht als reale, nützliche Konstruktion gedacht war. Er war für das gemeine Volk vielmehr wie die Musik selbst ein eher symbolisches Objekt, geschaffen zu unserer Freude und inneren Erhebung. Vergleichbar vielleicht der Erhobenheit, die sich anlässlich einer Oper erfahren lässt, ganz ohne die Hilfe eines „Elevators".

Nun muß ich wieder auf Mustafa, mein fabelhaftes aegyptisches Auto zu sprechen kommen.
Die Jungfernfahrt unternahm ich mit dem zuvor im Sand getauften Mustafa zu den Pyramiden.
Die berühmtesten Bauwerke der Welt!
Beim ersten Besuch erwartete ich , total überwältigt zu sein von der Monumentalität dieser geometrischen Gebilde. Doch aus nächster Nähe

betrachtet kamen sie mir dann eher weniger umwerfend vor, als erwartet. So ergeht es einem mit allzu fiebrigen Erwartungen. Es meldete sich zunächst keine sonderliche Ergriffenheit, vielleicht auch wegen der unablässigen Aufforderung der Einheimischen, in diese Kutsche oder auf jenes Kamel zu steigen. Kaum hatte ich ein derartiges Angebot erfolgreich abgewehrt, hielt man mir Nüsse, Zuckerwatte und Scheibenwischer unter die Nase.

Ich wechselte den Standort und befand mich unversehens mit einem Haufen bunt zusammengewürfelter Touristen vor der uralten Sphinx. Auch sie büßte einiges an erwarteter Bedrohlichkeit und Rätselhaftigkeit ein, da sie bis zum Halse

eingerüstet war. Sie hatte natürlich auch keinerlei Ähnlichkeit mit meiner Katze Moritz, die ich in Deutschland zurück lassen musste, und von der im weiteren Verlauf noch ausführlicher die Rede sein wird.

Zu meiner freudigen Überraschung war das Umfeld der Pyramiden einsamer und wilder, als ich dies zu hoffen gewagt hatte. Dies war genau das richtige Gebiet für Entdeckungsmärsche und erste Skizzen zum malerischen Thema Aegypten, dem unter anderem mein längerer Aufenthalt dienen sollte.

Nach dem ich die Sphinx zweimal umrundet hatte, begab ich mich in das Innere einer Pyramide. Es ging treppauf und treppab bis in die Herzkammer der Steine, das Heiligtum der leeren Grabkammer.

Ein ungeheueres Schweigen, das in der Mitte der Pyramide mein Trommelfell

Das einsame Katzenkind

geradezu einzusaugen schien bis an die Grenze seelischer Dehnbarkeit!

Doch diese Stille wurde jäh unterbrochen vom Nahen einer schreienden, lachenden Horde arabischer Schulkinder. Im nächsten Augenblick glaubte ich, auf einen winzigen Pausenhof ohne Luftzufuhr geraten zu sein. Die Knaben hupften von einem steinernen Sarg um die Wette, die Mädchen kauten Butterbrote und zogen Kaugummifäden aus den Lippen, während sie den Kameraden zusahen. Und der Lehrer? Ich konnte keine Aufsichtsperson entdecken und floh eiligst aus dem Juwel der Stille die Maulwurfgänge entlang zurück zum Tageslicht, wo ich tief und befreit durch atmete.

Anschließend wanderte ich ohne festes Ziel über die Sanddünen. Es war früher Nachmittag. Ich kam an einem Friedhof vorbei mit den typischen, hausartigen Grabstellen, alle weiß getüncht.

Einigen dieser kleinen Bauten entströmte ein allzu eindeutiger Geruch. Die Toten, das wusste ich bereits, werden ohne Sarg wie Brote in diese Zement-Tunnels geschoben, deren Öffnung nur mit einer dünnen Lehmschicht zugespachtelt wird und am dritten Tag nach der Beerdigung von außen mit Wasser besprengt.

Es fehlt also die etwa drei Meter tiefe Grube, über der die abendländischen Gräber zu angenehmen Grundstücken der Beschaulichkeit gedeihen.

Aus einiger Entfernung entfaltete der Anblick der Pyramiden für mich seine volle Zauberkraft.

Zart wie Berggipfel im Dunst erhoben sich die fabelhaft genauen Dreiecke in den Himmel. Diese Bauwerke wurden gewiß auch im Gedanken an die Betrachter, die sich von ferne nahen, errichtet.

Sie bilden ein von allen Seiten weithin sichtbares Wahrzeichen. Wissen wir diese Symbole noch zu deuten?

Im Verlauf des Tages, während die Sonne
die steinernen Flanken umwandelt,
wechselt Licht und Schatten auf den
ebenmäßigen Flächen, bis die Steinspitzen
ins Abendrot tauchen. Dann senkt sich
violette Nacht über die Pyramiden und
deckt sie zu, bis sie morgens neu erstehen
aus dem Nebelschleier, den die Sonne
langsam vom Wüstensand zieht.

Diese Bauten sind zugleich auf die Erde
und in den Himmel gestellt. Sie vermitteln
zwischen den Elementen Luft und Erde .
Sie sind Symbole des Raumes und, vom
Sonnenlicht umwandelt, auch Symbole der
Zeit.

Im Laufe der Monate besuchte ich die
Pyramiden von Gisa immer wieder wie
einen Wallfahrtsort. Ich umfuhr sie im
Auto, soweit dies möglich war, entfernte
mich, kam wieder näher, den Blick auf das
Wunder gerichtet. Sie waren für mich nur
in der anfänglichen Konfrontation stumm

geblieben als bloße Anhäufung von Gestein.

Selbst über den flachen Feldern von Mohandessin hinter dem Kamelmarkt konnte ich sie bei einer Entfernung von etwa acht Kilometern noch liegen sehen.

Auf dem Kamelmarkt von Kairo

Sie waren da als zart getönte Luftgebilde.

Sie waberten in der Hitze oder

traten deutlich hervor zwischen den

Palmbäumen eines Gartens und schrieben

ihre unbeugsamen Linien in die Luft.

Während ich mich Stunde um Stunde der

Betrachtung hingab, irgendwo auf einer

Erhebung im Sand hockend, kamen nach

einander viele Tiere an mir vorbei: wild

galoppierende Pferde, mühsam trabende

Esel, die kleine Karren durch die Wüste

zogen, und gemessen ausschreitende,

hochmütig blickende Kamele, auf denen

unsicher lächelnde Touristen schaukelten.

Häufig wurde ich aufgefordert,

zuzusteigen, aufzusitzen, mitzureiten, doch

ich wollte nur ruhender Betrachter sein,

der den ständigen Wechsel zusammen mit

dem uralt Beständigen in sich aufnahm.

An einem Freitag mietete ich schließlich

doch auch selbst ein Kamel, das auf den

Namen Moses hörte. Es war im Vergleich

zu den gut genährten, aufgeputzten Wüstenschiffen ein eher schmächtiges, wund gewetztes Tier. Aber mir gefiel sein Zaumzeug und die Satteldecke aus Bedhouinen Wirkzeug. Auch machte Said, der Treiber, mir einen guten Preis.

Wir vereinbarten, bis nach Sakkara und zurück zu reiten, was bedeutete, dass wir den ganzen Tag unterwegs sein würden.

Die Pyramiden von Sakkara sind älteren Datums und nicht so vollständig erhalten wie die von Gisa, deshalb aber nicht weniger interessant.

Said stützte mich beim Besteigen des liegenden, Blätter malmenden Tieres. Ich saß kaum, da begann das ruckartige, in vier Phasen verlaufende sich Erheben dieser Kreatur. Mir war, als säße ich auf einem Taschenmesser, das auseinander klappt.

Einmal oben angekommen versuchte ich mich möglichst bequem zurecht zu rucken, dann setzten wir uns gemächlich in

Bewegung. Moses trat den Sand mit breiten Zehen, Said lief eiligen Schrittes nebenher.

Ich schwebte über dem Sand, den Blick abwechselnd rückwärts auf Gisa und vorwärts in die Bläue gerichtet. Als wir uns in einer sanften Hautfalte des gewellten Wüstenkörpers vorwärts bewegten, stürmte uns aus den Hügeln ein Trupp Reiter in einer Wolke von Staub entgegen. Die Köpfe der Reiter waren verhüllt bis auf Augenschlitze. Sie stießen wilde, helle Schreie aus.

„ Phantastisch! „ Dachte ich," wie im Kino, Lawrence von Arabien oder ein japanischer Film!" Dabei kam ich mir in meiner rosa Bluse unbeschreiblich lächerlich vor, wie ich mich an den Sattelknauf klammerte und den Riemen meiner Handtasche festhielt. Gleichzeitig ärgerte es mich, dass ich die Wirklichkeit in Gedanken an einem Kunstprodukt gemessen hatte. Vielleicht lag das nahe in

meiner Situation, als verstädterte
Europäerin ein gemietetes Kamel reitend.
Ich sehnte mich heftig danach, ein
natürliches Daseinsrecht zu haben in dieser
Wüstenlandschaft. Am besten hier geboren
sein oder doch wenigstens wochenlang auf
Kamelen mit den Bedhuinen lebend. Aber
war dies nun nicht wieder gerade der
Traum, der auch durch die Filme geweckt
wurde?
Said führte das Kamel näher an den Rand
der Gärten, hinter denen in der Ferne ein
Kanal des Nil dahin fließt. Ein grün
gestreiftes Vögelchen mit langem Schopf
folgte uns von Ast zu Ast. Wir kamen
vorbei an den zerschlissenen Zelten von
Feldarbeitern. Eine Frau in leuchtend
rotem Kleid saß vor ihrem
Holzkohlenfeuer, die Glut mit einer Feder
fächelnd. Wir wurden freundlich begrüßt.
Said führte mich entlang palmengesäumter
Wege. Vorbei an riesigen Kohlköpfen, von
Eseln bewegten Wasserrädern, Büffeln

und Ziegen. Im kantigen Knochenbau der Büffel offenbart sich eine klare Geometrie.Der Bau des Beckens lässt die Form eines Pentagramms erkennen.

Die Sonne glänzte auf den schwarzbraunen Flanken dieser urwelthaften Tiere. Im Klee verstreut hockten Kinder. Weiße und blaue Gestalten sichelten mit weitem Schwung kleine Schneisen in das hoch stehende Grün .Wandte ich den Blick zur rechten Seite, schimmerte der honigblonde Sand zwischen den Palmstämmen hervor. Kein sanfter Übergang von Vegetation zu unfruchtbarem Gebiet. Wasser oder kein Wasser, das war die entscheidende Voraussetzung für diese hart aneinander grenzenden Welten.

Rastende Mädchen in ihrem Garten

Moses ließ mir bei gemächlichem Ritt
Muße zum Nachdenken. Ich versuchte mir
vorzustellen, wie die üppigen Gärten sich
verändern würden, wenn statt der Frauen
und Männer in fließenden Gewändern hier
Europäer in Geans oder Anzügen und
Miniröcken die Ernte einbrächten? Der
besondere Zauber der Atmosphäre ginge
zweifellos verloren.

Nach einem Picknick unter Dattelpalmen
hatte Said den guten Moses wieder in die
Wüste geführt. Wir hatten die letzten
schattenspendenden Bäume verlassen und

trotteten ein in Sakara. Nach meiner
Besichtigung der Baudenkmäler ging es
gemächlich heimwärts Richtung Gisa. Es
sind uns auf dieser Strecke keine Touristen
begegnet. Plötzlich , als ich es am
wenigsten erwartete, rutschte der Sattel
und fiel mit mir samt Futtersack und
meiner Tasche zu Boden, beinahe drei

Meter tief. Was war geschehen? Ich lag auf dem Rücken, nach Luft ringend, und fühlte einen stechenden Schmerz im Kreuz und der linken Hüfte. Der Schock des Aufpralls war so groß, dass ich unwillkürlich zu wimmern begann. Said rief laut um Hilfe. Einige Gestalten kamen aus den nahen Gärten herbei geeilt. Sie beugten sich mit ängstlichem Ausdruck über mich. Ich versuchte zu lächelnd und mich langsam aufzurichten. Es tat sehr weh. Die Männer hoben den Sattel aus dem Sand und trugen ihn zu dem inzwischen liegenden Kamel. Der Haltegurt des alten Sattels war gerissen! Dort, wo er gelegen hatte, fand ich im Sand einen zierlich geformten ausgebleichten Hundeschädel. Er war schön, wie Skelette schön sein können. Auf dem Hinweg hatten wir einen Unterschlupf dieser Wüstenhunde entdeckt. Von niederem Gestrüpp umgeben lag dort eine Hundemutter mit ihren Welpen, ein friedlicher Anblick. Allerdings werden diese Hunde zur Plage für die Bevölkerung von Gisa, da sie ständig auf Nahrungssuche um den Abfall schleichen und die Frauen nach dem Einkauf verfolgen und anbellen.

Während ich mich wie ein vom Schmerz gekrümmter Hamlet in den Hundeschädel vertiefte, flickten die Männer den Sattel notdürftig zusammen.

Meine Gedanken auf dem Hinritt fielen mir wieder ein. Da war nun also die Unmittelbarkeit des Erlebens, nach der ich mich gesehnt hatte! Alle waren um Moses versammelt, knoteten hier etwas, zurrten dort herum, bis ich schließlich gebeten wurde, wieder auf zu steigen. Ich weigerte mich und ging neben Said einige Schritte im Sand. Doch der Schmerz war zu groß. Er hob mich auf den Sattel, hielt mich halb fest. Ich konnte kleine Schreie nicht unterdrücken, wenn das Kamel auf unebenes Gelände trat. Said schritt bald vor Moses, um ihm eine langsamere Gangart aufzuzwingen. Er war nicht nur besorgt, sondern auch gekränkt in seiner Ehre als Kameltreiber. Er vermied seit dem Unfall meinen Blick.

Seine Beunruhigung zeigte sich in einer merkwürdigen Rastlosigkeit. Am Vormittag trug er einen braunen Wollmantel um den Hals geschlungen. Jetzt in der heißen Sonne hüllte er sich ganz in diesen Mantel. Alle paar Schritte drapierte er den Stoff in anderer Weise um seine weiße Galabya. Zunächst wickelte er sich eng ein, so als sei ihm sehr kalt. Er warf einen fragenden Blick nach hinten, ob ich noch wohlbehalten im Sattel saß. Dann befreite er die Schultern und raffte den Rockteil. Oder er warf den rechten Stoffzipfel über die linke Schulter und umgekehrt. Dazu griff er den Rest des Mantels bis zur Taille auf. Danach ließ er das Gewand wieder fallen und schritt etwas zügiger, den freien Arm heftig schlenkernd, gerade aus.

Beim Abstieg vor Saids Haus bemerkte ich voll Schrecken, dass ich nur mehr mühsam humpeln konnte. Zum Glück hatte ich mein Auto Mustafa in der Nähe geparkt. Die Mutter, eine stattliche Frau, schlug die Hände über dem Kopf zusammen über mein Missgeschick. Sie bat mich in einen halbdunklen, fensterlosen Raum, an dessen Lehmwänden drei geblümte Sofas standen. Die Nachricht von unserem „schlechten Tripp" musste sich wie ein Lauffeuer herum gesprochen haben, denn bald kamen immer mehr Schwestern, Brüder und Vettern von Said in das Zimmer, das von den vielen Körpern regelrecht zu dampfen begann .

Wir tranken starken Tee, knabberten Nüsse und bemühten uns um eine notdürftige Verständigung. Bald aber verabschiedete ich mich, humpelte in den grün gestrichenen Flur zu dem Stall neben dem Wohnzimmer. Hier wohnte das Kamel Moses. Dahinter kamen die Schlafzimmer, wie man mir sagte. Als ich eintrat wandten drei kauende Kamele sich nach mir um. Sie betrachteten mich aus lang bewimperten Augen mit einer gewissen duldsamen Überheblichkeit, während der Klee aus ihren weichen Mäulern hing.

Bereits nach kurzer Fahrt nahmen die Schmerzen derart zu, dass ich es für ratsam hielt, einen Arzt aufzusuchen. Bei einer Bar hielt ich an und erkundigte mich. Ein junger Mann ließ seinen Tee stehen und kam mit zum Auto:" Du nicht finden allein" radebrechte er auf Englisch. Also ließ ich ihn mit einem älteren Mann zusammen, den er mir eifrig als Onkel vorstellte, hinten ins Auto steigen.

Die Praxis lag im zweiten Stock. Ich zog mich mühsam am Geländer hoch. An der Rezeption saß ein Greis mit Schnauzbart.

Er sei der Großvater des Arztes
verkündigte er stolz. Im Wartezimmer
trafen wir auf eine Frau, zwei Kinder und
drei Männer. „Das kann ja dauern" dachte
ich. Der Großvater, als habe er meine
Gedanken gelesen,
beruhigte mich:" Alles Verwandte von
Doktor, nicht krank!" Nach wenigen
Minuten wurde ich wirklich herein
gebeten. Ich humpelte so gut es ging und
bemerkte zunächst nicht, dass der junge
Mann von der Bar mir auf den Fersen
folgte. So saßen wir auf einmal beide vor
dem Schreibtisch des Arztes, einem
hageren Mann mit eiskalten Händen , wie
ich bei der folgenden Untersuchung
feststellen konnte. Ich berichtete den
Hergang des Unfalls. Der Arzt lächelte :"
Sie haben nur ein leichtes Trauma." „Wie
können Sie das ohne Untersuchung
wissen?"
„Ich schließe darauf, weil Sie weder
klagen noch weinen."

Vielleicht, so schoß es mir durch den Kopf, wusste er nicht, dass das möglichst lautlose Ertragen von Schmerzen in Deutschland zum guten Ton gehört.

Der Arzt bat mich auf eine schmuddelige Liege

hinter einem Paravant. Der junge Mann folgte mir nach, treu ergeben..

„Er darf nicht zusehen!", rief ich," ich kenne diesen Mann überhaupt nicht!"

Daraufhin wurde er vor die Türe gesetzt , nach dem ich ihm gedankt hatte für seine Hilfe. Der Arzt prüfte meine Pupillenreflexe, tastete das Rückgrat ab, gab mir eine Spritze und verschrieb Schmerzmittel. Ich dankte, zahlte umgerechnet eine Mark und humpelte ins Treppenhaus zurück. Dort hatte der junge Mann und sein Onkel getreulich auf mich gewartet. Ich glaube, sie hätten auch eine Stunde und mehr auf der Treppe ausgeharrt. Sie halfen mir sorgsam, die Treppen wieder herunter zu kommen, was schwieriger war als der Aufstieg. Da der Arzt mir eingeschärft hatte, ich dürfe die Tabletten nur mit reichlich Flüssigkeit einnehmen, suchten wir erst eine Apotheke auf und dann eine Bar , in der es einfache Gerichte gab. Wir bildeten sogleich den Mittelpunkt für die anderen Gäste, denen meine Begleiter, wahrscheinlich wunderbar ausgeschmückt, meinen Unfall zum besten gaben. Damit sich die Gemüter beruhigen konnten, bestellte ich reichlich Essen für uns Drei.

Fatta, einen braunen Bohnenbrei, mit dem auch das Frühstück beginnt und Kóschera ,ein Gemisch aus Reis, Nudeln und Linsen, das mit Essig und gerösteten Zwiebeln ganz köstlich schmeckt . Wir tranken noch einen Tee zusammen, dann nahm ich endgültig Abschied von meinen Helfern. Es war wirklich tröstlich, nach diesem Unfall nicht allein gewesen zu sein. In Aegypten gehört unbedingt die gesamte Familie zu einem Kranken. Sie umhegt ihn, muntert ihn auf und bringt sogar die Speisen ins Krankenhaus.

Mein Auto Mustafa hatte auf der Hinfahrt erste Anzeichen von Unwillen gezeigt, einige unregelmäßige Klopfgeräusche im Getriebe, die sich anhörten wie nervöse Herzstörungen. Ich redete ihm zu, mich willig nach Hause zu fahren, was er auch zustande brachte.

Der Sturz hatte ein merkwürdiges Nachspiel für mich.

Einige Tage nach dem Kamelritt fuhr ich wieder nach Gisa. Ich hatte mir einen Knüppel als Stock zurecht schneiden lassen. Als ich Said und Moses, auf der Suche nach Touristen, begegnete, zeigte er sich besorgt, dass ich immer noch am Stock lief.

„Mein Vetter kennt einen Mann, der magische Kräfte hat," sagte Said," Er kann Schmerzen heilen. Es ist ein sehr frommer Mann. Es funktioniert alles über das Gebet. Möchten Sie, dass er Ihnen hilft?"

Das konnte interessant werden und vielleicht sogar hilfreich. Ich sagte ohne langes Überlegen zu.

Und so ging ich am frühen Nachmittag mit Said zu dem Heiler. Er besaß einen Duftladen mit unzähligen ziselierten Glasfläschchen voll Blütenessenzen in öliger Lösung. Man kann sich diese Art von Parfum hinter die Ohren tupfen oder auf die Handgelenke, muß nur vermeiden, dass die Kleidung damit in Berührung kommt.

Ich hatte einen alten Mann erwartet, doch war der Heiler jung und schlank, hatte dunkle, aufmerksam blickende Augen und bemühte sich um besondere Höflichkeit. Den armen Said allerdings schickte er gleich nach Hause. Er verließ mich nur ungern. Ich versprach, ihm später Bericht zu erstatten.

Ich wurde , nach dem der Heiler den Laden geschlossen hatte, eine steile Treppe hinauf geführt. Dort war ein kleiner Raum, in dem fünf Männer um

einen Spirituskocher am Boden hockten.

Sie wurden mir vorgestellt als Brüder und

Vettern. Sie lebten seit Jahren allein, da

beide Eltern verstorben waren. Alle noch

ziemlich jung, noch keine Frau im Haus,

doch kamen sie gut zurecht. Ein Topf mit

Milch köchelte bereits. Ich wurde

aufgefordert, mich auf die Matte zu setzen,

doch das ließ der schmerzende Rücken

nicht zu. Also holte mir der Jüngste einen

Stuhl aus einem Nebenzimmer. Wir

brockten Fladenbrot in die heiße Milch,

während der zweite kleine Junge den Tee

holte. Es gefiel mir, wie die Kinder den

älteren Brüdern gehorchten.

Einer der Brüder wurde von dem Heiler

auf die Straße geschickt, um Zigaretten zu

holen. Auch dies wurde ohne Widerspruch

ausgeführt.

Endlich war es so weit, dass der Heiler

sich mit mir in ein anderes Zimmer zurück

ziehen wollte. Ich sagte, es sei mir lieber,

wenn einer der Brüder mit uns käme. Also folgte uns der Zweitälteste in den dämmrigen Raum. Der Heiler bat mich, auf dem Sofa Platzt zu nehmen. Er griff sich einen Stuhl und setzte sich mit dem Koran in der Hand mir gegenüber.

Zunächst wollte er seine hellsichtigen Fähigkeiten unter Beweis stellen, indem er mir verriet, dass ich bereits viele Reisen unternommen habe , im Augenblick noch nicht fest gebunden sei, aber bald einen Partner finden werde. Ich erinnerte mich, dass ich im Kreis der Brüder erzählt hatte, dass ich nicht verheiratet sei und einige Jahre zuvor in Israel war. Es waren die üblichen Rückschlüsse, die man hinsichtlich einer allein reisenden, unberingten Frau ziehen konnte. Im Übrigen sei ich sehr stark und aktiv, wisse aber noch nicht genügend, meinen Einfluß geltend zu machen. Das hört natürlich jeder gerne. Ich wurde in zunehmendem Maße misstrauisch. Vor allem, als der

Heiler zu erklären begann, ich sei im Grunde meines Herzens Moslemin , ich sehnte mich im tiefsten Herzens danach, nicht wie eine Touristin herum zu laufen und werde mich in naher Zukunft auf den Straßen verschleiern. Ich entgegnete, dass mir diese letzte Voraussage doch ziemlich unwahrscheinlich vorkomme. Erstens habe ich nicht vor, zu konvertieren und zweitens würde ich als Nordländerin verschleiert auch viel zu sehr ins Schwitzen geraten.

„ Warten Sie ab," sagte er, „ aber nun wollen wir sehen, was sich gegen Ihren Schmerz tun lässt."

Ich musste die Augen schließen und versprechen, sie erst wieder zu öffnen, wenn er es mir sagte. Ich sah noch, wie er mit einer Hand den Koran öffnete und fühlte, wie er mit der anderen meinen Kopf umspannte oberhalb der Stirn.

Dann hörte ich das Gemurmel arabischer Worte, von denen ich außer Allah nichts verstand. Ich versuchte, die Vorgänge

ernst zu nehmen und mir kein voreiliges
Urteil zu bilden. Es war in jedem Fall
interessant, etwas über die Rituale dieser
fremden Religion zu erfahren.

Die Prozedur zog sich in die Länge. Der
Heiler murmelte ein Gebet nach dem
anderen oder zitierte immer neue Verse
aus dem Koran. Ich wurde schläfrig und
schreckte erst auf, als ich den Heiler sagen
hörte:" Augen kurz öffnen, es folgt eine
kleine Zeremonie."

Er ging hinaus und kam wieder mit einer
Schale Wasser, die er auf den Tisch stellte.
Dann beugte er sich dicht über das Wasser.
Ich dachte, dass das viele Reden ihn
durstig gemacht habe und er trinken wolle.
Aber er setzte sich wieder dicht neben
mich , und sein Bruder, der bisher reglos
in der anderen Sofaecke gesessen hatte,
befahl mir, die Augen erneut zu schließen.
Plötzlich fühlte ich einen kalten
Wasserstrahl mitten im Gesicht. Ich
empfand dies als ausgesprochen

unangenehm und verlangte nach einem Handtuch. Der Heiler hatte also den Mund voll Wasser genommen und mir mitten ins Gesicht gesprüht. Nach dem ich mich abgetrocknet hatte, ging der Singsang weiter. Nur begann der Heiler nach kurzer Zeit, mir abwechselnd ins linke und rechte Ohr zu flüstern, wobei seine Lippen, wie mir schien, etwas länger als notwendig auf meinen Ohrläppchen verweilten. Dann gewann ich den Eindruck, als hätten auch etwas meine Wange gestreift, doch konnte ich mich geirrt haben und wollte nicht zurückweichen, um ein vielleicht heiliges Ritual nicht zu stören. Bald darauf konnte mir jedoch nicht länger entgehen, dass die Stimme des Heilers zu zittern begann, dass sein Atem heftiger oder gepresster ging. Plötzlich fühlte ich einen Mund auf meinen Lippen. Und das genügte! Ich drehte den Kopf abrupt zur Seite, sprang auf und riß die Binde von den Augen.

Der Abschied fiel einigermaßen kühl und knapp aus. Ich humpelte, so schnell es ging, zu meinem Auto zurück. Mein Rücken hatte sich nicht gesund beten lassen.

Aber mit der Zeit verblasste der Schmerz, so wie Blumen verblassen , bis ich eines Tages völlig auf meinen Rücken vergaß. Kurz vor meinem Aufbruch nach Aegypten hatte ich den Vortrag eines Professors aus Beirut gehört, der die verschiedenen Strömungen des Fundamentalismus kritisch beleuchtete. Unter anderem versuchte er zu erklären, wie inkonsequent das Handeln derer sei, die zwar den Fortschritt prinzipiell aufs bitterste ablehnen, wohl aber die modernsten Waffen ankaufen, um sie zur militanten Durchsetzung ihrer Ziele einzusetzen. Auf diese Weise übernehme der Fundamentalist nur die eine, die schlechte Hälfte des westlichen Fortschritts, nicht aber die

Errungenschaften der Kultur und des sozialen Denkens.

Hier unterbrach ein Araber den Vortrag:" Was sagen Sie da, wir übernehmen nur die eine Hälfte? Kein Fundamentalist würde so dumm sein, nur einen halben Computer oder ein halbes Auto zu kaufen!"

„ Sie haben mich völlig mißverstanden", entgegnete der Professor, und zum Publikum gewandt:" an diesem Beispiel können Sie ermessen, wie schwer es ist, sich mit vernünftigen Argumenten durch zu setzen!"

Damals ahnte ich nicht, welche Begegnung mir kurz bevor stand.

Mrs. Saids Neffe, der öfters zu Besuch bei ihr war, hatte fünf Jahre lang im Ausland gearbeitet. Nun war er zurück und besuchte einen nach dem anderen seine früheren Freunde. Als ich nun eines Abends zur Spritze kam, öffnete Mrs. Said mir persönlich, was ungewöhnlich war. Sie sagte mit gedämpfter Stimme:" Kommen

Sie herein. Aber es wird noch eine Weile dauern. Mein Neffe hat einen Freund mit gebracht, den er seit Jahren nicht gesehen hat. Ich habe da eine böse Vermutung. Geben Sie dem jungen Mann bitte nicht die Hand!"

Ich erschrak und dachte, dass er vielleicht trotz der modernen Behandlungsmethoden an Lepra erkrankt sei. Es war ein bleicher Mann in weißer Galabia, einem Backenbart und einem Käppchen auf dem Kopf, wie der Moslem es zum Gebet trägt. Er saß in einem der bequemen Sessel und machte im Gegensatz zu dem höflichen Neffen keinerlei Anstalten, mich zu begrüßen. Ich betrachtete seine bleiche, kraftlos wirkende Hand auf der Sessellehne, konnte jedoch keine verdächtigen Flecken entdecken. Er würdigte mich keines Blickes. Sein Gesicht war leicht pastös, die Haltung steif, und er hielt den Koran in der Hand, aus dem er uns, während Mrs. Said, ihr

Neffe und ich um den Esstisch saßen und Obst aßen , in dozierendem Tonfall vorlas. Ich konnte beobachten, dass sowohl dem Neffen als auch Mrs. Said daran gelegen schien, diesen Gast wieder los zu werden. Sie warfen sich verstohlene Blicke zu und zuckten mit den Schultern.

Als die beiden jungen Männer endlich gegangen waren, berichtete mir Mrs. Said aufgeregt, dass früher diese unzertrennlichen Freunde oft bei ihr zu Gast gewesen seien. Heute nun, beim ersten Wiedersehen habe sich heraus gestellt, dass der Freund inzwischen zum fanatischen Fundamentalisten geworden sei. Als Veranlassung könne sie sich nur den Umstand vorstellen, dass sein Vater die Mutter verlassen habe, was ihm viel Kummer und auch Spott übelwollender Nachbarn eingetragen habe. Die fundamentalistischen Frauen seien dann in dies ärmliche Wohngebiet gekommen mit Nahrungsmitteln und guter Kleidung, um alles an die Bedürftigen zu verschenken. Nach dem diese verschleierten Frauen dankbare Aufnahme fanden, seien die Männer nach gekommen, um Vorträge über die Vorteile des fundamentalistischen Lebens zu halten. Ali, so heiße der Freund, habe nun ebenso verfahren wollen, in dem er seit einigen Stunden ihren Neffen und sie selbst mit Argumenten und dem Koran zu bekehren versucht habe. Sie sei froh über mein Erscheinen gewesen. Denn Ali würde nicht lange in einem Raum mit einer Vertreterin der verdammten Luxusländer verbleiben. Ganz schlimm sei dieser Sinneswandel junger fundamentalistischer Eltern vor allem für die Kinder, die weder behördlich angemeldet seien noch jemals eine Schule besuchen dürften. Natürlich würde ihr Neffe seinen früheren Freund von jetzt an meiden. Nicht nur, weil dessen Fanatismus der früheren Vertrautheit im Wege stehe, sondern es sei durchaus nicht ungefährlich, mit einem Mann aus dem regierungsfeindlichen Lager Umgang zu haben. Es gab die nächtlichen Patrouillen und auch behördliche Spitzel, die alle Verstecke dieser Fanatiker ausfindig zu machen versuchten.

Ich hatte nun mein Auto Mustafa, und somit war ich unabhängig von überfüllten Bussen, in denen man immer, eingekeilt zwischen Menschen vorwiegend männlichen Geschlechts, an irgend welchen Stellen oder an mehreren zugleich vorsichtig betastet wurde wie von Spinnenbeinen. Auch auf die bereitwilligen Taxifahrer war ich nicht länger angewiesen, die immer in der Nähe blieben, mit mir reden, mir zuschauen wollten, wenn ich in der nie völlig zu erreichenden Einsamkeit ein Picknick halten oder malen wollte.

Jetzt spannte ich morgens, nach dem der Sand von der Motorhaube entfernt war, mein Rösslein ein und fuhr los. Wo hin? Am liebsten an den Pyramiden vorbei gen Süden, Richtung Faium. Es ist ein etwa achzig Kilometer südlich von Kairo gelegenes, wasserreiches, fruchtbares Gebiet . Kanäle laufen kreuz und quer durch dieses Ackerland, und überall drehen sich die Wasserräder.

Von der Hauptstadt Faium war ich nicht sonderlich angetan. Als ich dort mit Mustafa unschlüssig an einer Kreuzung stand, kamen einige Jugendliche vorbei. Ein Junge hieb kräftig mit der Faust auf meine Motorhaube. Daraufhin gestikulierte er wütend, so als habe ich ihn angefahren. Ich war froh, dass kein Polizist in der Nähe war, denn das hätte zu endlosen Palavern , womöglich mit Übersetzer, führen können.

Am Sonntag darauf wagte ich mich wieder nach Faium Stadt. Da ich mich immer noch nicht gut auskannte, fragte ich eine Gruppe Eis essender Aegypter, wo es zurück nach Kairo ginge. Wegen der Hitze waren natürlich beide Autofenster geöffnet. Als ich weiter fuhr, langte ich voll in eine kalte braune Soße. Jemand musste mir von der anderen Seite her sein Schokoladeneis aufs Lenkrad geworfen haben, von wo es mir auf die Kleidung tropfte.

Fortan mied ich die Stadt Faium trotz ihrer gerühmten alten Wasserräder.

Die Landbevölkerung ist anders, freundlicher und harmloser. Ich hörte, dass die Bauern, die Felachen überall im Land davon sprechen, nach Aegypten zu reisen, wenn sie sich auf machen, um nach Kairo zu fahren: nach Masr. Das heißt Aegypten , und das ist Kairo für sie.

Die meisten Bauern sollen auch heute noch ein beinahe archaisch anmutendes

Bewusstsein haben. Wenn man beispielsweise einen einsamen Bauern frage:"Was machst Du da auf Deinem Feld?" wird er zum Beispiel antworten: „Wir schneiden Gras", oder : „wir ernten Süßkartoffeln." Vielleicht schimmert in einer derartigen Lebenshaltung die Erinnerung an ein Gruppenbewusstsein der Urzeiten noch hindurch.

Die Landschaft, die Felder jenseits der kleinen Stadt ! Faium und das bewässerte Land auf der gegenüber liegenden Nilseite von Luxor sind für mich die Gebiete, die meiner Vorstellung vom Paradies am nächsten liegen.

Man stelle sich Lehmhütten vor, an fließenden Bächlein gelegen, von immergrünen Bäumen , farbigen Blüten und Früchten umgeben. Eine Frau hockt vor der Tür und knetet Käse in einem Säckchen aus Tierdarm. Sie grüßt freundlich und lädt mich zum Teetrinken ein. Ich habe Mustafa bereits vor dem Dorf abgeparkt und bin zu Fuß auf sandigem Weg gekommen, in ein schwarzes Gewand und Kopftuch gehüllt. Und ich nehme dankend an, hocke mich zu ihr auf einen Kamelsattel, der an der Türe lehnt. Wir radebrechen, schlürfen das süße Getränk, während Nachbarn auf Eseln und Kamelen mit Graslasten vorbei reiten und grüßen. Ich stehe auf und gehe weiter und ziehe leider einen Schwarm dreistfröhlicher Kinder hinter mir her, den ich nicht mehr los werde. Ich bleibe stehen vor einem Alten, der ein Seil aus Kokosfasern dreht. Der Mann versucht die Kinder mit einer müden Handbewegung zu verscheuchen. Sie kreischen nur um so lauter ,und er zuckt resigniert mit den Schultern. Ich flüchte schnell zurück zu meinem Auto, dessen metallene Haut von vielen kleinen Händen betastet wird, bevor ich weiter fahre und in einer Staubwolke entschwinde. Die schreienden Kinder rennen noch einige Meter hinterher. Sie sind es gewöhnt, Staub zu schlucken und barfuß durch den fein gemahlenen Löß des Nilufers zu laufen, sodaß ihre braunen Beine wie gepudert aussehen.

Man muß manchmal richtig grob werden, um die ständig bettelnden, übermütigen Kinder los zu werden. Sie haben mich, wie die Schlangen, die es in jedem Paradies zu geben scheint, oft bis aufs Blut gepeinigt. Sie warfen mit Steinen, sie pieksten mir mit Stöckchen von hinten in die Beine, sie verlachten mich in Sprechchören und haben sich köstlich amüsiert über den ungewohnten Anblick dieser irgendwie sonderbaren Fremden. Bis zu ihrem Dorf hinaus gelangt eben kein Bus mit luftgekühlten Touristen, die eng beisammen, von ihrem Schauffeur bewacht, durch ein Paradegässchen getrieben werden, um bei dem Haus mit dem besonders schönen Fresko eines von Mecka Heimgekehrten das obligate Foto zu schießen.

Ein großformatiger Stadtplan gehörte zu meiner Ausrüstung, um die wichtigsten der vielen Moscheen zu besuchen, deren Minarette das Häusermeer überragen. Natürlich gefielen mir diese Gotteshäuser um so besser, je älter, ehrwürdiger und schmuckloser sie waren.

Die Moscheen jüngeren Datums sind meist hell verputzt, manchmal in wenig ansprechenden Pastelltönen. Es findet sich auch manches verstohlene bunte Ornament an den Fenstersimsen oder entlang der Kuppel.

Dagegen bestehen die ältesten Bauten aus rohem Ziegelstein, dessen Farben sich abstufen je nach dem unterschiedlichen Lichteinfall. Die Fußböden sind mit farbenprächtigen Teppichen belegt. Sie lassen erkennen, dass man hier überall gehen, aber auch sitzen und liegen kann. Neben den häufigen Gebeten, die im Stehen und Knien mit unzähligen

Verbeugungen dargebracht werden, rührte mich der Anblick von Männern, die in ihrer Moschee nach der Arbeit ruhten, vielleicht sogar schliefen, ein Buch lasen oder im Kreis hockend sich flüsternd unterhielten. Es trifft schon zu, dass Frauen hinter einer Abgrenzung ihr Gebet verrichten, weil man der enormen Ablenkung durch gehäufte Weiblichkeit vorbeugen möchte. Frauen beten überhaupt vorwiegend in der eigenen Wohnung. Berufstätige Männer und Frauen beten einfach da, wo sie sich gerade befinden. Das heißt, dass man immer wieder eine Reihe gebückter Gestalten und nackter Fußsohlen am Straßenrand antreffen kann, aber auch einzelne Beter in einem Schuhladen oder einer Eisdiele. Frauen sind nicht grundsätzlich aus den Gotteshäusern verbannt. Man isoliert sie eben nur ein wenig. So sah ich in der berühmtesten, mit einer Universität verbundenen Moschee Al

Azar, wie ein in edlem Weiß gekleideter Scheich eine Schar junger Frauen um sich versammelt hatte, um sie im Koran zu unterrichten. Er saß auf einem Elfenbeinstuhl, die allesamt schwarz verhüllten Frauen hockten auf den Teppichen mit untergeschlagenen Beinen. Als ich in einiger Entfernung vorbei ging, riefen und winkten sie mir, ich solle doch zu ihnen kommen. Aber ich war müde, konnte nicht im Schneidersitz hocken und hatte rot lackierte Fußnägel. Außerdem konnte ich nicht verstehen, was der Scheich da sprach.

Am Eingang jeder Moschee wacht ein Diener darüber, dass kein Tourist mit seinen Schuhen den Ort entweiht. Sehr verständlich, hat Gott Jahve doch bereits Moses dazu angehalten, die Schuhe aus zu ziehen, bevor er den heiligen Boden betrat. Ich besuchte am liebsten die Muayed Babsuela Moschee, dem berühmten Basar-

Die Frauen und ihr Lehrmeister

Viertel Khan el Khalili in einiger Entfernung gegenüber gelegen.

In Strümpfen oder barfuß betritt man einen Vorraum mit einer kleinen, sehr hohen Kuppel. Es stehen zwei Steingräber in diesem Raum, doch das Auge ‚wie vielleicht auch einst die Seelen der hier Beigesetzten, zieht es sogleich in den luftigen Raum, der durch seine Begrenzung unendlich weit erscheint. Die lichte, luftige Kuppel führt den Beschauer aus sich selbst heraus in geistige Räume. Über den Gräbern ist die Mauer durchbrochen von kleinen Fenstern aus farbigem Glas. Eine Seltenheit im islamischen Kirchenbau. Im Unterschied zu christlichen Kathedralen bilden die kompakten Glassteine ein feines, regelmäßiges Mosaik. So entstehen Muster aus dunkel leuchtendem Glas. Aus der Kuppel hängt ein Seil, das den Raum auszuloten scheint wie ein Foucaut'sches Pendel. Weit oben sind kleine

Rundbogenfenster im Kreis angeordnet, die das Licht ungehindert einlassen. Ich stand an die Wand gelehnt und sah unentwegt in die luftige Kuppel, die an Dantes Beschreibung der duftenden, gelben Himmelsrose erinnert. Weder weiß gekalkt noch mit Fresken bemalt, wirkt diese Architektur wie eine frei schwingende Glocke, die eine Ahnung vom unendlichen Himmelsraum vermittelt. Und doch handelt es sich nur erst um den Vorraum, der den Gläubigen zu sammeln vermag, so daß er in andachtsvoller Stimmung den Hauptraum betritt. Dieser große Raum bildet eine völlige Harmonie zwischen der linken, streng gegliederten Wand und der rechten, zum Garten hin offenen, weiten Säulenreihe. Die Natur mit ihrem Wachstum, mit Vogelstimmen und dem Plätschern eines Brunnens darf an den heiligen Raum grenzen.

Das grüne Licht des Wohlbefindens flutet zwischen den schlanken Säulen herein mit

Wärmewellen und zartem Duft. Die
unschuldige Natur, wie Allah sie
erschaffen hat. Sie spendet Schatten und
Kühlung und malt Sonnenmuster auf die
Stufen der Moschee.

Im Garten steht der Reinigungspavillon.
Ein Brunnen, dessen Wasserhähne im
Kreis angeordnet sind. Dort reinigt jeder
Moslem vor der Andacht dreimal Mund,
Nase, Gesicht, Hände und Füße.

Die große Halle ist ausgelegt mit
Teppichen in warmen Orange-und
Baigetönen. Wohltuend für das Auge,
ohne abzulenken. Wie in jeder Moschee
befindet sich an der Wand oder mittig eine
Kanzel, zu der eine steile Treppe führt. In
der linken Wand sind Gebetsnischen
eingelassen . Sie zeigen eine sparsame
Stein - Ornamentik. Keine realistische
Darstellung von Heiligen, die zum
abergläubischen Gegenstand der
Verehrung werden könnten. Die hohen
Türen sind reich verziert und mit

verschiedenfarbigen Hölzern intarsiert.
Die Kasettendecke ist vergoldet. Verirrte
Sonnenstrahlen lassen das Porzellan der
herabhängenden Lampen aufleuchten.
Hier fühlen sich die Moslems des Viertels
vollkommen zu Hause. Sie wandeln auf
und ab, hocken gegen eine der vielen
Säulen gelehnt oder schlafen auf den
weichen Teppichen, ein aufgeschlagenes
Buch noch neben sich.
Die Moschee ist ein geistiges Zuhause, in
dem jeder Mann den Alltag vergessen
kann. Ein etwas kümmerlich mit Matten
abgeschirmter Winkel ist den Frauen
vorbehalten. Doch beten sie wie gesagt
meist mit den Töchtern in der Wohnung.
Söhne und Töchter bleiben bis zur
Verheiratung und häufig darüber hinaus im
Elternhaus.

Der Khan El Khalili ist der berühmteste
Basar in Kairo, der Stadtteil der Händler,
in dem man auf besonders viele alte

Betende auf der Straße

Gemäuer trifft: Moscheen, Türme, Zinnen, Torbogen und Haremsgitter vergangener Zeiten. Wer heute noch zwei Frauen hat, lebt entweder als Bauer im Süden des Landes oder ist nicht fortschrittlich genug, um die Einehe als neue Kulturform anzuerkennen. Da der Mann zugleich auch reich genug sein müsste, zwei Frauen versorgen zu können, trifft man in Kairo wohl kaum einen Mann mit zwei Frauen mehr an. Offiziell ist die Heirat mit mehr als einer Frau zwar nicht verboten, doch muß hierzu heutzutage die schriftliche Einwilligung der ersten Frau beim Standesamt vorliegen. Eine derartige Einwilligung wird jedoch fast ausnahmslos verweigert . Ein Grund mehr für die Einehe.

Im Yemen sieht das noch anders aus. Als ich für kurze Zeit in Sanaá wohnte, begegnete ich einem reichen Jemeniten Mitte der Fünfzig. Er erzählte, dass er vier

Frauen besitze, denn er sei sehr reich, habe mehrere Juweliergeschäfte im Land.

Auf die Frage, wie sich das denn einrichten ließe, erklärte er mir, jede der Frauen habe ein eigenes Haus, dazu noch in drei verschiedenen Ortschaften. Er führe ein herrliches Leben, da er immer abwechselnd für eine Woche bei einer der Frauen wohne. Jede sei bemüht, durch besondere Freundlichkeit und Kochkunst die anderen Drei auszustechen.

Wie stand es bei derart geordneten Verhältnissen mit der Liebe? Ich fragte, ob er denn eine Lieblingsfrau habe. „Jeweils die Jüngste" gestand er mit verschmitztem Lächeln. Seine älteste Frau war zu diesem Zeitpunkt bereits achtundzwanzig Jahre alt, die momentan Jüngste gerade erst Fünfzehn geworden.

Die Haremsgitter im ersten Stock der alten , gediegenen Wohnhäuser Kairos sind also Relikte einer vergangenen Zeit. Ebenso leider auch die meisten althergebrachten

Läden im Khan El Khalili. Die Touristen haben die Händler reich gemacht und die alten Warenbestände weitgehend ausgeweidet, so dass man fast ausschließlich auf moderne, billige Nachbildungen alter Schmucksachen oder Kleidung trifft. Aber es gibt noch die Innenhöfe und engen Gässchen mit Bergen voll duftender Gewürze in leuchtendem Safrangelb, Paprikarot und schwarzem Pfeffer. Auch kann man sich dort zu geringem Preis Schmuckstücke nach eigener Wahl anfertigen lassen. Solch einen Goldring mit Koralle trage ich am Finger. Die schlichten, weißen, blauen oder hellgrauen Galabyas mit den weiten Ärmeln lassen sich dagegen im Khan El Khalili nicht mehr finden. Dort sind die Stoffe billig und durch übertriebene Maschinenstickerei verunstaltet . Man muß schon eine Adresse kennen oder nach Südaegypten reisen, um diese kleidsamen

Gewänder, die sich so wunderbar als Nachthemden eignen , zu erwerben.

Ich kaufte in Kairo also wenig, saß jedoch häufig in einem der Kaffees des Suks. Es lag eingezwängt zwischen zwei hohen alten Hauswänden. Dieser Umstand verhalf zu permanentem Schatten , führte aber auch zu ziemlichem Gedränge. Die Sitzbänke, schöne, schwere Holzqualität, waren längs des Ganges aufgestellt, kleine Eisentische standen verstreut, und die Menschen schlängelten sich unaufhörlich an diesem Mobiliar entlang unter einem riesigen, mit vergoldeter Ornamentik gerahmten Spiegel vorbei. Die schlanken jungen Bedienungen flitzten mit ihren Tabletts hin und her, die Wasserpfeifen blubberten , die schwarz gekleideten Frauen nippten an Strohhalmen, die Männer spielten Domino oder Taula . Und ich, wenn ich einen Sitzplatz gefunden hatte, zog verstohlen meinen Skizzenblock

Verschiedene Gäste im Kaffee am
Eingang zum Khan El Khalili , lesend,
Schischa rauchend, Domino spielend...

Die schöne alte Bettlerin

hervor und begann die Köpfe meiner Tischnachbarn zu zeichnen.

In der welligen, goldumrandeten Dunkelheit des Spiegels beobachtete ich eines Nachmittags eine faszinierende Frau, die im Raum hinter mir saß. Sie musste einmal sehr schön gewesen sein. An diesem Nachmittag trug sie einen schwarzen Samtmantel, darunter eine Spitzenbluse. Ihre Augen waren dicht mit Kayal (Kochol auf Arabisch, als Pulver in den Basars zu haben) umrandet und brannten verzehrend in dem ebenmäßigen, faltigen Gesicht. An einem ihrer Finger leuchtete ein großer Stein. Das mit Henna getönte Haar bedeckte ein heller Voile-Schleier, der ihrer Erscheinung besondere Eleganz verlieh. War sie eine Dame der Gesellschaft oder eine alte Hure? Ich wandte den Blick ab vom Spiegel und trank meinen Tee. Plötzlich, wie von meinen Gedanken angezogen, stand diese Frau vor mir. Sie lächelte und reichte mir eine in Goldpapier gewickelte Praline. Ich wusste nicht, wie ich zu dieser Auszeichnung gekommen war und bedankte mich mit unsicherem Lächeln.

In der folgenden Woche skizzierte ich im gleichen Kaffee einen Zeitungsleser und zwei Männer, die zügig und verschmitzt eine Partie Domino spielten. Plötzlich sah ich sie wieder, die faszinierende alte Dame. Sie sprach mit den Leuten am Nachbartisch und kam dann zu dem Tisch, an dem ich mit einem fremden, Kaffee schlürfenden Araber saß. Wieder sah sie mich an mit diesem durchdringenden Blick, von dem ich nicht zu sagen wusste, ob er wohlmeinend war, oder ob eine versteckte Bosheit in ihm lauerte . Dann griff sie in ihre Manteltasche und legte wieder eine Praline auf den Rand meiner Untertasse. Ich lächelte erstaunt und stammelte einen besonders herzlichen Dank. Die Frau ging weiter.

„Sie hätten ihr einige Piaster geben sollen", sagte mein Nachbar," sie ist eine stadtbekannte Bettlerin."

An einem schwülen Nachmittag verließ ich den Khan El Khalili und schlenderte die Gasse entlang, die am meisten Schatten bot und zum Tor Bab El Futu führte. Wie gewöhnlich herrschte lebhaftes Treiben. Vor der Bar saßen einige behäbige Männer, die mit aufgeblähten Wangen Und weltverlorenem Blick an ihren Schischas
(Wasserpfeifen) saugten. Auf dem Pflaster hockend ließ sich ein Mann gerade rasieren. Ein Schneider , unter sein schwarzes Regendach gekauert, heftete den Ärmel an ein Jackenteil. Hurenhaft herausgeputzte Mädchen kamen mir entgegen. Was half da der lange Rock und das Kopftuch? Die grellrot geschminkten Lippen , schwarz verklebten Wimpern und blauroten Wangen wirkten grob und

gewöhnlich. Ich drückte mich vorbei an
Eselskarren und Eisverkäufern. Eine Frau
vor mir saß auf gestapelten Käfigen und
hielt ein flatterndes Huhn in den Händen.
Ihr entschlossener Gesichtsausdruck ließ
keinen Zweifel daran, dass sie ihm sofort
die Kehle durchschneiden würde, sobald
sich ein Käufer fand.

Vor dem düster wehrhaften Tor aus der
Kalifenzeit türmten sich Berge von
Zwiebeln und runden, leuchtend weißen
Bündeln von Knoblauch.

Ein Trauerzug näherte sich dem Tor. Dies
war daran zu erkennen, dass vier Männer
über ihren Köpfen eine mit grünem Tuch
verhangene Kiste balancierten, gefolgt von
einem Schwarm schwarzer Furien. Das
waren die bezahlten Klageweiber, die sich
in schrillen Schmerzen wanden. Besonders
eine dünne Frau führte bizarre
Armschwünge aus. Eine andere, die

Die Hühnerverkäuferin

erstaunlich laut gejammert hatte, ließ sich erschöpft an den Zwiebelsäcken entlang zu Boden gleiten. Der Zug der Leidtragenden war bereits um die Ecke verschwunden.

Ich stand ihr unvermittelt gegenüber, hin und her gerissen zwischen Teilnahme und Ablehnung dieses theatralischen Zurschaustellens von Schmerz. Plötzlich verstummte die Frau, stand behende auf, schnäuzte sich auf den Boden , putzte die Nase mit ihrem schwarzen Schleier und fragte die Umstehenden, was das Kilo Zwiebeln koste. Dann besann sie sich wieder auf ihre Pflicht, heulte auf, raffte die schwarzen Gewänder hoch und hüpfte, laut schreiend, über eine Pfütze verschütteter Milch dem entschwundenen Trauerzug hinterher . Der war wegen der vielen Karren, Motorräder und Lastwagen sicher nur schleppend voran gekommen.

Ich ging zügig in anderer Richtung weiter. Bald begegnete ich einem Blechkarussell , das auf einem breiten Karren von Viertel

zu Viertel gezogen wurde. Wo sich ein
solches Karussellchen niederlässt, wo des
Eigentümers näselnd lockende Flöte
erklingt, rennen die Kinder aus den
Häusern und zwängen sich auf die kleinen
Sitze, die sich bald darauf zu drehen
beginnen, während der Mann mit
ungeheuerem Kraftaufwand an einer
Kurbel dreht.

Eine trauernde Frau

Ich lehnte mich müde gegen eine
Hauswand und dachte an die vielen
Trauerzüge in dieser Stadt und die vielen
verhängten Spiegel und verhüllten
Fernseher, die zu Ehren der Verstorbenen
eine Woche lang schweigen müssen.
Vierzig Tage nach dem Tod des
Angehörigen kommt ein Scheich oder
mehrere Vorleser in das Trauerhaus ,um
den gesamten Koran in etwa sieben
Stunden vorzulesen. Wahrscheinlich
geschieht dies nicht nur zur Erbauung der

Hinterbliebenen, sondern ist auch, ähnlich wie die Rituale des Tibetanischen Totenbuches, für den Verstorbenen selbst als geistige Wegzehrung gedacht.

Wieder folgte ein Tag in Faium, dem Ort der unzähligen Wasserläufe, des Verweilens ohne Ablenkung und Überdruß. Ich versuchte, die Bilder dieser spiegelnd gleitenden, verharrenden Landschaft aufzunehmen.
Faium ist eine Augen-Weide, und ich ließ immer wieder meine Augen weiden, ohne sie jemals an diesem Anblick sättigen zu können.
Durch die quellfrische Fruchtbarkeit, die der Wüste abgerungene Schatzkammer grüner Üppigkeit, schreiten Tiere wie Götter dahin. Schwarzgeschliffenes Ebenholz der Büffel, helle Sanftmut der Rinder, schneeweiße Unschuld und Anmut der Esel, die auf ihrem Rücken Kinder

tragen, wie die Legende es vom Christkind und seinem Esel berichtet.

Pferde tummeln sich zwischen den Palmen, Baumstämme führen als Brücken über die Wasserläufe.

Ich sah Frauen, wie sie ihre Fladenbrote in niedere Lehmöfen schoben. Von fern klang das gleichmäßig hallende Dengeln einer Sense.

Hinter den Palmengärten stiegen die Sanddünen auf als nahe Verheißung.

Mädchen hockten im duftenden Klee.

Rauchwolken stiegen auf am Ufer eines Dorf-Weihers, in dessen staubiger Oberfläche die Sonne sich verfing wie in einem Netz, samtig leuchtend zwischen den Zweigen der Weiden.

In einem anderen Dorf boten mir die Frauen frisch geschnittenes Zuckerrohr zum Kauen an. Der süße Saft lief mir das Kinn entlang.

Halb versteckt hinter Eukalyptusbäumen stand ein Liebespaar. Ernst, in höchster

Aufmerksamkeit erstarrt, den schicklichen Abstand von wenigen Zentimetern zwischen den Körpern wahrend, während jedes Glied ihres Leibes in wunderkräftigem Verlangen diese wenigen Zentimeter der Trennung verleugnete.

Und dann, als meine Augen sich schon randvoll neigten , sah ich in der Dämmerung einen Bauern vor seinem Haus auf der Wiese die Gebete verrichten, während Tiere, hoch beladen mit Klee und Maispflanzen am Bach entlang geruhsam nach Hause zogen. Ich stand unbemerkt zwischen einer Gruppe von Bäumen, meine Fremdheit vergessend, zu dem Betenden hinüber blickend .

Es war der Abend nach dem letzten Schöpfungstag.

Der Mann hob die Arme zum Himmel, beugte dann die Stirn bis auf den Grund seines Bodens, seiner Erde . Das Geschenk Allahs, des Größten. Allah akbar! Dieses letzte Bild schenkte sich mir , während das Tageslicht verdämmerte und die Eselshufe den Bach entlang ihr vertrauliches und zugleich sehnsüchtiges Klangmuster in die Stille woben.

Die Auto-Mechaniker, mit denen ich aufgrund Mustafas diverser Leiden immer häufiger zu tun hatte, waren handwerklich zwar durchaus erfinderisch, doch nie auf Dauerlösungen bedacht.
 Eine Reparatur wird so ausgeführt, daß baldmöglichst eine neue Reparatur fällig wird. Wie anders sollte man sich finanziell als Handwerker über Wasser halten?
Eine Bekannte, die auf der Halbinsel Samalik mitten im Herzen Kairos wohnte, erzählte mir folgende verzweiflungsvolle Geschichte: Die Telefonleitungen in ihrem Haus waren sozusagen von Hand geknüpft . Sie verliefen manchmal, als Wäscheleinen missbraucht ,quer durch die Wohnräume und trafen frei schwingend

auf den Balkonen mit den Leitungen anderer Wohnungen zusammen, mit denen sie lose geschlungene Verbindungen eingingen. Auf diese Weise wurden die Drähte höchst eigenwillig und ohne die Kenntnis der anderen Parteien oftmals derart verknüpft, dass ein Mieter hoffen konnte, auf Kosten eines anderen unbemerkt telefonieren zu können.

Diese Eigeninitiativen führten häufig zu schwerwiegenden Störungen. Einmal läutete der Apparat meiner Bekannten ununterbrochen Sturm. Als sie ihren Hörer abhob, ging das Telefon in Flammen auf. Sie konnte froh sein, dass ihre Ohrmuschel unverletzt geblieben war.

Ein weiteres Dauerproblem bildeten in ihrer Wohnung die Hanafias, die Wasserhähne. So etwa im zwei Wochen-Rhythmus gaben sie kein Wasser mehr her, fühlten sich bei den versuchten Umdrehungen trocken und verbissen an. Doch einen Tag später begannen sie spärlich zu tropfen, einem leichten Schnupfen vergleichbar. Schließlich aber plätscherten sie lauthals und waren durch nichts zu stoppen, so dass wieder der liebe Monteur gerufen werden musste. Einmal, als der hemmungslos fließende Zustand erreicht , und die Dame verreist war, stand vor der Tür der Nachbarin ein Installateur mit einer Zange in der Hand. Es war ein finster blickender Geselle. Er behauptete, schon seit Jahren für alle Reparaturen im Hause zuständig zu sein. In ihrer Not ließ die Nachbarin ihn an die Arbeit. Der Mann schaffte es in kürzester Zeit, die Küche durch einen kleinen Rohrbruch unter Wasser zu setzen. Bei seinem Versuch, den Schaden zu beheben, brach der Dichtungsring der Warmwasserleitung. Ersatzteile waren nicht zur Stelle. Die Nachbarin reagierte leicht hysterisch. Wenig beeindruckt wich der Mann nicht von der Stelle, bevor sie ihn nicht bezahlt und einen neuen Termin mit ihm

vereinbart hatte, zu dem er geeignete
Werkzeuge mitzubringen versprach.

Immerhin etwas. Später sollte sich dann
herausstellen, dass die Dame diesen Mann
tatsächlich kannte, dass jedoch bereits sein
Anblick genügte, um sie aus der Fassung
zu bringen.

Es war ein selbsternannter Monteur, der
mit seiner Zange von Haus zu Haus zu
gehen pflegte, um zu sehen, wo seine Hilfe
benötigt wurde.

Auch zur Pünktlichkeit hat der
durchschnittliche Aegypter ein lockeres
Verhältnis. Ähnlich verhält es sich
manchmal mit dem Sinn für Präzision von
Messungen oder Schätzungen. Als ich in
Kairo die Höhe von Mokattam besichtigte,
eines zerklüfteten Felsplateau von
schätzungsweise zweihundert Metern
Höhe, das als dominierendes Wahrzeichen
die Stadt überragt , unterhielt ich mich dort
oben mit einem Architektur Studenten. Er
lebte in Kairo und behauptete allen

Ernstes, Mokattam sei ungefähr viertausend Meter hoch. Als ich dies entschieden bezweifelte, ließ er sich auf Zweitausend herunter handeln.

Sicher war dieser höhentrunkene Student eine Ausnahme. Aber es lässt sich wohl sagen, dass trotz Einführung modernster Technik das Denken des Aegypters mehr einen bildhaften, träumerischen Charakter hat. Ich empfand dies, wenn ich mit meinem Mustafa nicht unmittelbar davon betroffen war, durchaus als liebenswert im Vergleich zu der mangelnden Herzensbildung und kalten Rationalität mancher Europäer.

Das Verhältnis vieler Aegypter zur eigenen Leiblichkeit ist erwähnenswert. Ich las in der Zeitschrift Al Ahram weekly (Die Pyramide, Wochenzeitschrift), einen Artikel über die negative Einstellung des Aegypters zum Thema Organspende. Der Autor begründete die Weigerung, nach dem Tode einzelne Organe der Medizin zur Verfügung zu stellen, tatsächlich noch mit dem Glauben aus der Epoche der Einbalsamierungen.

Es handele sich um die Überzeugung, man müsse alle Organe vollständig als seelisches Gegenbild mitbringen und bewahren für den Tag der Wiedererweckung . Sonst könne es kein ewiges Leben geben.

Noch bevor ich blind entschlossen das Auto Mustafa erwarb, zog es mich von Kairo aus weiter in den Süden. Vielleicht entsteht über diese Besuche in Scharm el Sheik, Assuan und Luxor ein gesonderter Bericht.

Hier möchte ich nur erzählen über die außergewöhnliche Haltung der Aegypter dem Tier gegenüber, das sie in alten Zeiten als Sphinx, als Raubtier und als monumentale Göttin oftmals dargestellt haben .

Es ist die Katze. Man kann ihr in Luxor begegnen.

Luxor ist ein Ort, von dem ich vor und nach meinem Besuch schon mehrfach geträumt habe, zu dem eine besondere Beziehung bestehen muß, über die ich jedoch im Tagesbewusstsein nichts auszusagen weiß.

Mein Hotel-Balkon ermöglichte mir den Ausblick über den Nil und weit hinaus bis zum Tempel der Hatschepsut.

Natürlich verlockte mich dieses andere Nilufer . Nicht nur wegen der berühmten Königsgräber, sondern auch wegen der üppigen Felder, zu der die Felsenhügel, die das Tal der Königinnen begrenzen, gegen Westen einen wunderbaren Kontrast bilden . Ich habe dies Land auf Eselsrücken durchzogen. Dabei kamen wir durch liebliche Orte und schließlich auch zu dem bescheidenen Dorf Habou, das mich so bezauberte, dass ich für mehrere Tage dort ein Zimmer nahm. Mein Hotel war sehr einfach, ganz dicht beim Tempel gelegen, der sich dort wie selbstverständlich aus dem Wüstensand erhebt. Man kann sich mein Entzücken vorstellen, als ich in mein Zimmer geführt wurde. Es war sehr klein, doch das Fenster blickte geradewegs auf die Bogen-Mauer, hinter der sich die Zinnen des uralten Tempels erheben. So nah, dass ich meinte , die lehmverputzten Mauern mit den Fingerspitzen berühren zu können. Es gab nur einen Stuhl in dem Zimmer, und auf dem saß ich immer wieder vor meinem Fenster und sah zu, wie die Sonne die Erdfarben des Tempels im Tageslauf abwandelte : von zartem Morgenschein über gleißende Mittagshelle bis zu den rosa violetten, besänftigenden Abendfärbungen. Zu einer bestimmten Abendstunde glühte der Tempel wie unsere heimischen Berggipfel im Abendrot. Und dann der Mond, der diese Kultbauten erschimmern ließ wie das opalisierende Innere einer Muschel! Es gab nur wenige Lichter im Umkreis . Der Blick ging weit über die sandige Fläche hin bis zum Anstieg der Felsen. Und der Habou Tempel schwamm wie eine helle Muschel im Meer dieser Mondnächte.

Die Gärten begannen hinter dem Dorf in Richtung auf den Nil zu. Doch auf der Tempel-Seite herrschte eine ungebrochene Klarheit von Farben und Linien.

Mein Fenster lag im Parterre. Ich blickte in nächster Nähe auf ein gegen die Mauer gelehntes hölzernes Wagenrad. Groß, dunkel, ohne Eisenreifen, voller Kerben und mit nur vier krummen Stöcken als Speichen.

Mein Fenster war mit Gitterstäben gesichert. Am ersten Abend, bevor es ganz Nacht geworden war, stand der Diener draußen an den Stäben, der Diener, der mich während der Abendmahlzeit mit verlangenden Augen angesehen hatte. Er ergriff die Stäbe mit beiden Händen und

sah sehnsüchtig in mein nur schwach
erhelltes Zimmer. Er stand da, bescheiden
in seiner bäuerlichen Galabia mit dem
weißen Tuch auf dem Kopf. Ich war nicht
mehr ich, war in einem Märchen
befangen, während der Mond an Farbe
gewann und die Tempelmauern
verblaßten. Ein Märchen, das ich nicht
leben konnte. Ich gab dem Diener einen
flüchtigen, geschwisterlichen Kuß. Dann
griff ich zu einem Buch und bedeutete ihm
freundlich aber bestimmt, sich zu
entfernen.

Was sonst hätte ich tun können?

Morgens um sechs Uhr stieg ich auf die
Dachterasse, im Adobe-Stil aus Ziegeln
und Lehm geformt . Da wölbte sich ein
blaßblauer Bogen , wo die Treppe
einmündete vor einer altrosa gestrichenen
Wand . Zwei Farben, die mir an einem
deutschen Haus kitschig erschienen wären.
Aber dies war ganz anders, ganz stimmig
und schön:

Wie die ersten Sonnenstrahlen , die ungehindert über die weiße Brüstung fluteten, diese Farben von innen erglühen ließen! Wie ich dort oben wandelte, den rosig schimmernden Tempel vor Augen! Wie die Katzen sich im Frühlicht auf den Mauern sonnten und die Palmen ihre gefiederten Zweige über das Geländer hängen ließen, von lispelnden Windstößen gefächert, die auch meiner heißen Stirn Kühlung brachten!

Noch hatte ich den Tempel nicht betreten. Als ich dann später am Tag durch die verschiedenen Vorhallen schritt, stand ich unverhofft vor zwei Statuen aus dunklem Stein. Es waren hockende Katzen. Ich war so beeindruckt von diesen unerwarteten Skulpturen, dass ich später versuchte, etwas über ihren Hintergrund in Erfahrung zu bringen.

Es gibt erstaunlich viele Aufzeichnen zum Thema Katze.

In den meisten Ländern nahm sie eine Sonderstellung ein. Doch in keinem anderen Volk wurde sie so verehrt wie im alten Aegypten. So soll es nahe dem Nilufer und dem heutigen Kairo einen großen Katzentempel gegeben haben, in dem unzählige dieser Tiere frei leben durften bei reichlich Nahrung und Fürsorge. Man hatte eine hohe Ringmauer gebaut, damit keine der Verehrungswürdigen verloren gehen konnte. Bei den heutigen Aegyptern ist neben Zuneigung zu dem Kazentier nur eine unerklärliche Furcht geblieben, die vielleicht einstmals Ehrfurcht gewesen sein mag.

Meine Vermieterin Mrs. Said hatte eine rötliche Katzendame, die öfters versuchte, in meiner Wohnung einen guten Bissen zu erwischen. Und zu Hause ließ ich bei meinem Abflug außer der nächsten Familie auch ein getigertes Katzenkind zurück. Schweren Herzens, wie ich zugeben muß. Moritz, der kastrierte Kater, war in guten Händen, doch würde die enge Beziehung zwischen ihm und mir wieder entstehen können, wenn ich nach so vielen Monaten zurück kehrte?

Oft dachte ich an meine Katze, wie sie mir vom Fensterbrett aus beim Schreiben zusah. Wie ich ihr herzförmiges Gesichtchen mit den Händen umschloß, und sie zu blinzeln, zu schnurren begann, das rechte Auge etwas mehr geschlossen als das linke. Wie ich ihr getigertes Fell langsam vom Kopf bis zum Schwanz streichelte und sie in plötzlicher Zuneigung den Kopf gegen mich drückte und mit der Pfote, so weit es ihr gelingen konnte, nach meiner Schulter griff.

Katzen sind für den Menschen die erlesensten Schmeicheltiere trotz ihres eigenwilligen, selbständigen Charakters und der geheimnisvollen Unergründlichkeit im Blick aus grünen oder bernsteingelben Augen. In alten

Zeiten wurden die großen und kleinen Katzen zu Göttern erhoben, und noch heute beherrscht den Aegypter diese merkwürdige Furcht vor den geschmeidigen Nachttieren, die einst als Sphinxen in enger Verschmelzung mit dem Menschenwesen erlebt wurden. Zu den gottgleichen Erscheinungen wurde gebetet, damit sie nicht die Übermacht gewinnen konnten über das schwache Menschengeschlecht . Und sie wurden um Beistand angerufen.

Ich möchte einmal versuchen, mich in die Bedeutung einer altertümlichen Hauskatze

Moritz, der Wilde

Moritz, der Neugierige

Moritz, der Beobachter

hinein zu versetzen, indem ich mir eine Szene nach überlieferten Fakten vorzustellen versuche :

Als die Morgendämmerung anbricht erhebt sich ein lang anhaltender Schrei. Die ersten blassen Sonnestrahlen berühren eine dunkle Knospe , die sich zu öffnen beginnt. Der Knabe ist aufgewacht von dem Schrei, ist aus seinem Bett gesprungen und läuft nun barfuß durch die Gänge. „Ich glaube, es war die Amme Amal, die da geschrien hat", denkt er," und es klang genau so wie letztes Jahr, als sie den toten Großvater fanden. Aber wer kann jetzt gestorben sein ? Die Großmutter vielleicht? Nein, bitte nicht Großmama! Sie soll mir weiter Geschichten erzählen und mit mir zum Tempel gehen!"

Das Kind umkreist den Brunnen, während sich vielstimmiges Klagen dem Innenhof nähert.

Später am Tag, als die Nachricht sich herum gesprochen hat, kommt der Barbier ins Haus. Alle Bewohner, voran die würdigsten, dann die Kinder und zuletzt die Dienerschaft setzen sich der Reihe nach auf den niedrigen Schemel zu Füßen des Mannes und lassen ihre Augenbrauen abrasieren zum Zeichen der Trauer.

Das Gesicht des Knaben gleicht nach dieser Rasur einer kleinen, bleichen Maske . Das Fehlen der Brauen nimmt den Augen ihre Flinkheit, lässt sie mit den Höhlen verschmelzen, den dunklen Löchern im Schädel, die bereits im Kind auf ihr endliches, nacktes Hervortreten warten. Der Knabe weint, die Dienerschaft stöhnt klagend, Vater und Mutter schauen bestürzt und ernst. Wem gilt die Trauer, wer ist gestorben in diesem großen, reichen Haus? Die Katze ist es, die Beschützerin und Repräsentantin mütterlicher Mächte. Das Haus ist verwaist!

Nach dem der kleine Tierkörper sorgfältig einbalsamiert wurde, so dass nur noch der

Kopf aus den Bandagen hervorschaute, wird die Katze feierlich zu Grabe getragen. Manche Katze erhält sogar einen eigenen Sarkophag, auf dem ihr Bildnis eingemeißelt ist. Auch Spielzeug und aus Ton geformte Mäuse gab man der verstorbenen Hauskatze mit ins Grab, damit sie sich auf dem langen Weg ins Jenseits nicht zu langweilen brauchte. Antike Hauskatzen müssen aber doch genau wie unsere heutigen Tiere ihre Unarten gehabt haben? Sie werden Vögel gefressen haben, Vorhänge zerrissen, gefaucht und gekratzt haben. Es muß also wohl zwei unterschiedliche Verhaltensweisen gegeben haben. Eine liebevolle, doch realitätsbezogene im täglichen Umgang mit dem lebendigen Tier .Und eine der Verehrung und Vergötterung für des einzelnen Tieres übergeordnete gottgleiche Gattung .

Zur Großfamilie der Katzen gehören, wie wir wissen, auch die Pumas, die Tiger,

Leoparden und schließlich die Könige im Tierreich, die Löwen. Diese herrschaftlichen Tiere finden sich bis zum heutigen Tag auf Wappen und Hoheitszeichen fast aller Staaten abgebildet. Nicht zuletzt findet man sie auch zur Seite romanischer Kirchenportale. In den Zeiten der Inquisition wurde die Katze jedoch häufig mit ihren Hexen verbrannt. Eine Ausnahme bildeten nur diejenigen Tiere, die eine Zeichnung des Buchstabens „M" zwischen den Augen trugen. Den Anfangsbuchstabe des Mariennamens!
Zum Glück ist es den Katzen in Aegypten viel besser ergangen. Man hat bei Ausgrabungen derart viele Katzenmumien gefunden, dass die meisten vernichtet werden mussten.

Der Katzengöttin Bastet wurden viele Tempel geweiht. Sie wurde als große Katze oder Puma dargestellt in aufrechter Hocke.

Dieser Bastet also war ich im Tempel von Habou erstmals begegnet!

Die Bedeutung der rätselhaften, großen Sphinxe lässt sich wohl nur in meditativer Haltung erahnen. Die aegyptischen Schulkinder lernen, es sei die Darstellung der Vereinigung von Macht (Löwe) und Geist (Menschenkopf). Doch diese einfache Auslegung greift wohl sicher zu kurz, um das uralte Geheimnis lüften zu können.

In Übereinstimmung mit den meisten alten Kulturen ordnen auch wir Europäer dem Tierkreiszeichen August die Sonne, und das heißt im übertragenen Sinne den Löwen, die Herzkraft zu. Es existieren wunderbare, auf diese Tatsache bezogene Texte im aegyptischen Totenbuch, der Urgnosis, die dem Hermes Trismegistos zugeschrieben wird:

„...mit dieser herrlichen Vision ganz erfüllt, so dass das Auge meines Gemütes

Die Katzengöttin Bastet

Die Katzengöttin Mut

Aegyptische Katzenmumie

durch die Hinwendung der Heiligung näher gekommen ist."

Das Auge des Gemütes, eine wunderbare Umschreibung für Herz und Seele! Dieses Auge schaute, und was es im Geist erschaute, war die Sonne. Und sie war das Auge des Re, der großen Löwengottheit.

Aug in Auge begegneten sich Mensch und Gott. Und ähnlich wie die Griechen von der Durchdringung und Entsprechung von Mikro- und Makrokosmos sprachen, wurden diese Verhältnisse bereits zur Zeit der Geistlehren des großen Hermes angedeutet.

Noch heute herrschen im Gewirr der Kairoer Baladinviertel und sicher umso mehr noch in den Dörfern, gewisse Gesetze, die mit dem beschützenden Katzenauge, das man als Amulett um den Hals trägt ebenso wie auch mit der Dämonie des Katzenwesens zusammen hängen.

Aegyptischer Katzensarkophag

an darf beispielsweise sein Glück nie an
die große Glocke hängen, sonst ruft man
neidische Geister herbei.

So wird die gesamte Augenhöhle der
Neugeborenen mit schwarzem Kochol
gefärbt. Das ist ein furchtbarer Anblick.
Ich erschrak zutiefst, als ich unvorbereitet
ein solches Baby im Arm seiner Mutter
sah.

Dem Kochol sollen desinfizierende
Substanzen zugrunde liegen, doch primär
geht es bei dieser Verunstaltung des
Babies um die Abwendung des bösen
Blickes. Als zusätzlichen Schutz hat der
Winzling natürlich auch ein Katzenauge
um den Hals hängen.

Fragt man dann, wie es dem Kind gehe,
erhält man merkwürdig zögerliche
Antworten :"Ach, es könnte besser sein.
Aber man muß sich zufrieden geben..."
Zusätzlich werden die Kleinkinder
möglichst unattraktiv gekleidet

während der ersten Lebenswochen. Die Mütter erzählen, ihr Kind sei leider besonders hässlich . Manche Knaben werden noch heute als Mädchen verkleidet. Man muß vorbeugen. Ein Mädchen ist, falls ein Übelwollender den Blick auf das Baby richten sollte, immerhin weniger interessant für ihn als ein Junge.

In meinem aegyptischen Tagebuch findet sich eine graue Papierpuppe eingeheftet, die mir ein junger Aegypter aus einem Stück Papier gerissen hatte. Er demonstrierte mir daran, welche Rituale seine Mutter vollführte, wenn er krank im Bett lag als Kind. Sie nahm eine Nadel und durchstach immer wieder die Augengegend der Puppe, wobei sie jedes Mal den Namen eines ihr bekannten Menschen, Nachbarn voran, aussprach. Auch Freunde und Verwandte können das Kind mit dem bösen Blick krank gemacht haben. Zum Schluß werden noch die namentlich nicht bekannten Menschen, mit denen das Kind möglicherweise in Berührung kam, pauschal angesprochen. Damit ist der böse Blick aller möglichen Verursacher abgewendet, und das schützende Katzenauge kann weiter wirken .Daneben wird natürlich auch eifrig Allah angerufen. Diese Hexenzeremonie kann also getrost auch von einer gläubig islamischen Mutter ausgeführt werden. Von derartiger Magie bis zum Tötungsritual des Woodo-Zauberers im südlicheren Afrika ist es nicht weit. Doch geschehen solche Dinge im Verborgenen . Jedenfalls bietet in Aegypten das Symbol des Auges von Gott Re, dem Sonnen-und Löwengott, auch immer noch Schutz gegen mögliche Autounfälle. Es fehlt fast in keinem Wagen und baumelt meistens an den Rückspiegeln.

Im alten Aegypten wurde besonders eine Eigenschaft der Katze hervor gehoben: ihr Hingezogensein zum Mond und die Art, wie ihre Augen das Mondlicht reflektieren können. Hiermit war die Katze in die seelische Nähe der Frauen gerückt. Denn der monatliche Zyklus der Frau ist mit seinen 28 Tagen an den Mond gebunden, der die gleiche Zeitspanne zur Rundung benötigt.

Zusätzlich ließ die Frau sich auch symbolisch mit dem Mond vergleichen. So wie er sein Licht vom Sonnengott empfing, so hatte die Frau sich Rat und Beistand in der Ehe vom Mann zu holen. Er war der Glänzende, Schöpferische, sie das Gefäß, die Bergende, Bewahrende. So führt die Sonne in den meisten Mittelmeerländern den männlichen Artikel und der Mond ist „die Mond."

Im Zeitalter der Pharaonen wurde der Mond häufig als Katze dargestellt. Bastet, die Katzengöttin. Ihr zur Seite stand Mut, die Göttin des großen Bruders der Hauskatze. Es ist die Göttin mit dem Löwenkopf. Diese Gewichtigkeiten verschoben sich wohl im Laufe der Jahrhunderte. Tatsache bleibt jedenfalls, dass man unzählige Statuetten von Katzen und Löwengöttinnen bei den Ausgrabungen gefunden hat. Und dass deren lebende Repräsentantin, die simple Hauskatze, wohl in manchen Fällen auch als heilig galt. Wie schon erwähnt wurde Bastet als schwarzer Puma dargestellt. Dennoch befürchten die heutigen Aegypter ebenso wie abergläubige Europäer ein Missgeschick, wenn ihnen eine schwarze Katze den Weg kreuzt. Ehrfurcht kann eben jederzeit zu bloßer Furcht werden. In Europa mag die Farbe Schwarz zusätzlich eine unheilbringende Gedankenverbindung herstellen, weil Schwarz für uns die Trauerfarbe ist.

In Kairo erlebte ich einmal eine merkwürdige Begebenheit. Es ließ sich für mich zunächst ganz alltäglich an: zwei Männer beschimpften einander aufs heftigste. Ein junger, modern gekleideter

Aegypter war neben mir stehen geblieben. Er sah mit mir den Streitenden zu, die Hände in den Hosentaschen. Wie ich feststellen konnte, verstand er ganz gut Englisch. Er zeigte sich jedoch nicht gewillt, mir die Ursache des Streites, der immer mehr Nachbarn aus den Häusern lockte, zu erklären. Auf meine Frage erhielt ich die kurze Antwort:

„Das würden Sie doch nicht verstehen."

„Bitte, versuchen Sie es doch!"

„Die Nachbarn streiten eben."

„Das sehe ich. Worum geht es denn?"

„Nichts Besonderes."

„Weshalb sieht der Dünnere so betreten aus?"

„Der Dicke beschuldigt ihn, er habe seine Tochter geschlagen."

„Hat der Vater das mit angesehen?"

„Nein, aber die Tochter hat blaue Flecken auf der Haut."

„Wie und wann soll das geschehen sein?"

„Weiß nicht, irgend wann gestern Nacht."

„Trieb sich die Tochter denn so spät auf der Straße herum?"

„Natürlich nicht! So etwas macht keine Frau bei uns!"

„Dann müsste der dünne Mann ja in das Haus eingedrungen und die Tochter womöglich in ihrem Bett verprügelt haben?"

„Aber nein, was denken Sie denn!"

„Also, ich verstehe wirklich nicht..."

„Die Katze des Nachbarn ist es gewesen."

„Was? Des Dünnen Katze soll das Mädchen geschlagen haben?"

„Ich sagte ja bereits, Sie können das nicht verstehen."

Nun war ich wirklich neugierig geworden:

„Doch, doch, erzählen Sie weiter, also die Katze...?"

„Ganz einfach. Der dünne Mann hat gestern Nacht seine eigene Katze gehauen. Schluß jetzt."

„Wie, ich dachte, es ging um die Tochter seines Nachbarn?"

„Das ist es ja eben! Die Seele des Mädchens war während des Schlafes in den Katzenleib gewandert. Kommt das denn in Ihrem Land niemals vor? Jedenfalls ist es so, dass die Tochter mit den blauen Flecken aufgewacht ist, weil der Mann die Katze schlug."

Ich versuchte meine Verwunderung zu verbergen. Im Weitergehen sagte der junge Mann noch über die Schulter:

„ Man sollte eben bei Nacht niemals eine Katze schlagen. Am besten, man rührt die Viecher in der Dunkelheit überhaupt nicht an."

Als ich wieder in Deutschland zurück war, suchte ich in einschlägiger Literatur nach korrespondierenden Verhaltensweisen. So habe ich erfahren, dass in der Schweiß, unweit von Bern, die Mädchen sich schlafend mit den sogenannten Kiltern, den katzenartigen Hausgeistern, davon machten und weite Reisen unternahmen. Während dieser Streifzüge konnten sie auch ihren zukünftigen Geliebten ausfindig machen. Dies jedenfalls war noch im neunzehnten Jahrhundert der Glaube der Bergbauern. Wenn zwei Verliebte schon auf den ersten Blick ineinander vernarrt waren, sagte man:" Die sind sich wohl bereits als Katzen auf dem Hausdach begegnet!"

Auch unser berühmtes Märchen vom gestiefelten Kater spricht der Katze eine Bedeutsamkeit zu, die ihr eigentlich nicht so recht zukommen kann im Alltagsleben. In Kairo erfuhr ich von einem zusätzlichen Aberglauben, der sich auf den Umgang mit Katzen bezog: Hat ein Mann beispielsweise eine Tasse zerbrochen, ruft man ihm scherzhaft zu:" Du hast wohl eine Katze am Schwanz gefasst!"

Beim freien Fall, etwa von einem Baum, dient der Katze der Schwanz als steuerndes Ruder , so dass der Aufprall gemindert wird und die Katze auf ihren vier Pfoten landet. Abgesehen davon kann das Tier bei Feindbegegnungen den Schwanz buschig aufpludern, um Angst einzujagen.

Bei seltenen Gelegenheiten konnte ich an meinem Kater Moritz beobachten, dass der Katzenschwanz im Anschleichen ganz leise vibriert. Die Aegypter vermeiden es auch aus diesem Grund, einen Katzenschwanz zu berühren. Sie sind überzeugt, dass Menschen, vor allem ältere Menschen, die vielleicht nicht mehr so achtsam sind, von der Berührung mit einem Katzenschwanz das Zittern in den Händen bekommen. Vorsicht also, nicht alles ist bloße Altersschwäche, was danach aussieht!

Mancher Europäer kauft sich heute noch gegen den Hexenschuß ein Katzenfell, mit der haarigen Seite auf der bloßen Haut zu tragen. Meine Mutter erklärte mir , dass im Katzenfell ein besonderer Magnetismus wirksam sei.

Im Mittelalter begannen Priester von der Kanzel gegen die Katzen zu wettern. Man verbrannte die armen Tiere nicht nur bei lebendigem Leibe, sondern behauptete auch, dass sie mit dem Teufel im Bunde stünden. Hierzu lesen wir bei einem Johann B. Friedreich in dessen Mitte des Neunzehnten Jahrhunderts entstandenem Lexikon der Symbolik:

.."Da nun der Nacht die Idee des Dämonischen angehört, so ist auch die Katze desselben Sinnbild geworden...im Thalmud wird die Asche einer schwarzen Katze als Anlockungsmittel der Dämonen empfohlen."

Der Bürgermeister Pelzer zu Osnabrück sah einmal in einer mondhellen Nacht drei Katzen in seinem Hofe sich lustig machen. Er zweifelte keinen Augenblick daran, dass es Hexen seien. Der Hexenprozeß wurde eingeleitet und einige der Hexerei verdächtige Personen wurden in der Folge hingerichtet. (bei Horst, Dämonomanie)

Eine märkische Sage erzählt folgendes: Als ein Müllergeselle nachts in der Mühle beschäftigt war, erschien eine schwarze Katze. Der Geselle gab ihr einen Schlag auf den Vorderfuß und sie entfloh schreiend. Am anderen Morgen lag die Frau des Müllers mit zerquetschtem Arm im Bett und es ergab sich, dass sie eine Hexe war, die als Katze vom Blocksberg kommend in dieser Nacht durch die Mühle gegangen sei."

Die Ähnlichkeit mit dem aegyptischen Aberglauben der Baladingegenden ist geradezu verblüffend. Es werden noch manche Beispiele dieser Art angeführt. Ein altes deutsches Sprichwort soll besagen, eine zwanzigjährige Katze werde zu einer Hexe und eine hundertjährige Hexe wieder zu einer Katze. Wenn eine Katze nach ihrem Tod als Frau wiederkommt zur Erde und umgekehrt, so gleicht diese Aussage nicht derjenigen, nach der Frauen sich jede Nacht in Katzen verwandeln. Sie greift

vielmehr darüber hinaus im Sinne einer verdrehten Reinkarnationslehre, wie ich sie noch in dem französischen Teil der Pyrennäen
angetroffen habe.

Zu all diesen verwirrenden Verbindungen zwischen Menschen-und Katzenwesen, ja allgemein zu dem Reich der Tiere gibt die Psychotherapeutin und Jung-SchülerinMarie Louise von Franz in ihrem Buch über die Bedeutung der Märchen folgenden Hinweis:

„ Man kann zeitweise dem Rat des hilfreichen Fuchses, Wolfes oder Katers ungehorsam sein. Wenn man sich aber grundsätzlich dagegen stellt...dann ist es mit einem zu Ende. In hundert Märchen ist dies eine Regel, die keine Ausnahme zu haben scheint...Das würde bedeuten, dass Gehorsam gegenüber dem eigenen ursprünglichen Wesen, dem eigenen Instinkthaften, wesentlicher ist als alles andere. In allen Nationen und allen

Märchen habe ich nie eine andere Aussage gefunden."

Viele bekannte Europäer standen ihrer Katze besonders nahe. So schreibt die berühmte Französin Colette in ihren Erinnerungen:" Das geistige Gehör, das mich mit den Tieren verbindet, ist noch wach. Die Dramen der Vögel in der Luft, die unterirdischen Kämpfe der Nagetiere...der hoffnungslose Blick der Esel und Pferde...all das sind Botschaften an mich. Ich habe keine Lust mehr zu heiraten, aber ich träume zuweilen noch, dass ich mich mit einem schönen, großen Kater vermähle."

Ein weiteres Zitat sei angeführt:" Die Beziehungen zwischen Katzen und Menschen werden viel enger, als sie zwischen Katzen je werden können."

(Prof. Paul Leyhausen)

Die aegyptischen Moslems gestatten nicht, dass ein Hund ihre Wohnräume betritt. Er

gilt als liebenswertes, doch unreines Tier.
So steht es im Koran.

Der Hund ist folgsamer, unterwürfiger,
scheint weniger Eigenwillen zu haben als
die Katze , um deren Zuneigung man
manchmal werben muß. Es wird gesagt,
dass Machtmenschen den Hund als
Begleiter bevorzugen. Doch lassen sich
hier keine Regeln aufstellen. Ich selbst bin
beiden Tieren und überhaupt fast allen
Tieren zugetan.

Tiere leben, sterben, schlafen, atmen,
essen und lieben ähnlich wie wir, doch es
fehlt ihnen die Sprache, ohne die der
Mensch nur schwer zur vollständigen
Verständigung mit ihnen gelangen kann.
Auch deshalb bleiben Tiere uns letztlich
ein unlösbares Rätsel. Doch ihre Anmut,
Sanftmut, Schönheit und Wildheit macht
das Leben auf der Erde reicher für uns
Menschen.

Es wird gesagt, Tieren fehle das
Bewusstsein, der Geist. Doch vielleicht

gilt diese Feststellung nur für ihre Erscheinungsform auf Erden. Vielleicht kann es andere Seinsebenen geben, auf denen ein tierhaftes Götterwesen, wie die antiken Aegypter es erahnt haben, in großer Weisheit seine unzähligen Kinder leitet und beseelt.

Nach dieser Abschweifung zu den rätselhaften Katzen wieder zurück zu meinen Erlebnissen in Kairo:
An einem frühen Abend saß ich unter viktorianischen Balkonen, die von imposanten Löwenfüßen getragen wurden, bei einem Coca Cola, um mich zu stärken und aus zu ruhen, bevor ich die Stiegen zu meinem Apartement hinauf steigen wollte. Ein junger, nett aussehender Aegypter kam zu meinem Tisch und sah mich fragend an. Ich wollte wieder wegsehen, als ich bemerkte, dass er den Versuch machte,

über Zeichensprache mit mir in Verbindung zu treten. Ein Gehörloser also. Den konnte ich nicht so einfach abwimmeln. Ich deutete also mit einladender Bewegung auf den freien Stuhl neben mir. Aber was nun?

Ich bedeutete, ob er ein Cola trinken wolle. Er nickte. Darauf lächelten wir uns so lange gegenseitig zu, bis es unerträglich wurde. Da zeigte er auf mich und dann auf sein Herz, klatschte in die Hände und drehte verzückt die Augen zum Himmel, um mir klar zu machen, wie sehr ihn diese Begegnung freue.

Ich lächelte wieder, aber was nun ? Wir brachten es schließlich fertig, heraus zu finden, dass er in einem Büro an der Schreibmaschine arbeite und dass ich mit dem Flugzeug gekommen war.

Schwieriger wurde es bereits, zu verstehen, dass er gerne mit mir in eine Kinovorstellung gehen wollte. Ich war zufrieden, dies endlich erraten zu haben.

Er hatte immer wieder eine Leinwand in die Luft gezeichnet, auf der sich vielerlei bewegte, und zu der wir gemeinsam aufsahen. Später sollte sich allerdings heraus stellen, dass ich daneben geraten hatte. Zunächst aber dachte ich:" Keine schlechte Idee. Wir ergänzen uns bestens für einen der englischen Filme mit arabischen Untertiteln. Ich verstehe die Sprache und er kann die Untertitel lesen." Wir verließen das Kaffee, um ein Taxi zu suchen. Der Gehörlose kritzelte dem Fahrer irgend etwas in die Handfläche, was dieser nicht verstand. Also schrieb er mit dem Zeigefinger auf die Windschutzscheibe, doch der Fahrer begriff immer noch nicht, da die Schrift für ihn ja umgekehrt erschien. Zum Glück hatte er wie alle Autofahrer in Kairo Papiertaschentücher zur Hand. Dazu reichte er dem Gehörlosen einen Stift. Nun war das Problem leicht zu lösen. Ich stieg vorne beim Fahrer ein und sah aus

dem Fenster. Wir fuhren die Kasr al Nil
Brücke Richtung Samalek. Hier kannte ich
mich nicht gut aus. Doch lagen die meisten
Kinos nicht in entgegen gesetzter Richtung
? Nach etwa zwei Kilometern auf einer
breiten Chaussee versuchte ich den
Taxifahrer zu befragen, wo denn hier ein
Kino sei. Leider verstand er kein Wort
Englisch. So waren also drei Menschen in
einem Auto, von denen keiner den anderen
verstehen konnte. Ich drehte mich um.
Der Gehörlose saß da mit einem derart
verklärten Lächeln auf den Lippen, dass
ich es nicht über mich brachte, die Fahrt
abzubrechen. Erst als wir in eine schmale
Seitengasse einbogen, in der ich auch
keinen Hinweis auf ein Filmtheater
entdecken konnte, wurde mir die Situation
zu verdächtig. Ich rief energisch: „la, la,

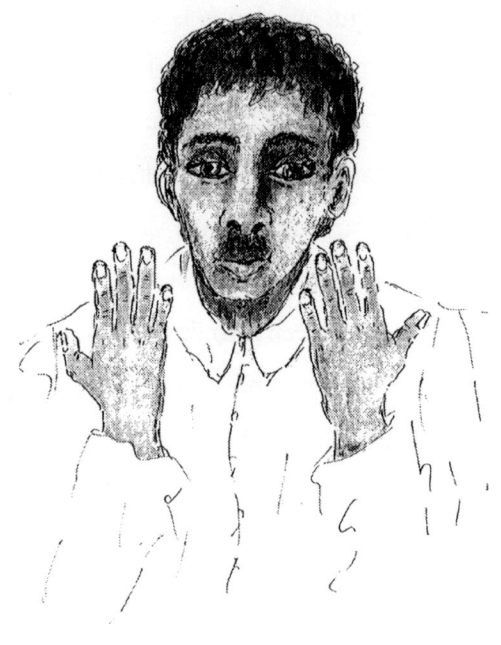

Der verzweifelt gestikulierende Gehörlose

bas!" Was so viel heißt wie „ Nein, nein,

Schluß!"

Dann stieg ich aus, nicht wissend, wo wir

uns befanden, und wo die Fahrt hingehen

sollte. Das brachte ich nämlich auch nicht

aus dem Taxifahrer heraus. Zwischen dem

Jungen und dem Fahrer entspann sich eine

heftige Gestikuliererei, wobei ich

bemerkte, dass der Gehörlose öfters die

Hände wie ein Dach zusammenlegte und

gegen die schräg gehaltene Wange hob.

„O Gott," dachte ich,"das kann nur ein

Stundenhotel bedeuten! Gibt es so was

überhaupt in einer derart sittenstrengen

moslemischen Stadt ?"

Sofort gab ich Order, in Richtung Midan

Tacharir wieder los zu fahren . Nun

verhielt sich die Sache umgekehrt:

Der Fahrer und ich kannten das geänderte

Reiseziel, während der Gehörlose ganz

fassungslos war. Ich drehte mich kurz um

und sah die in die Ecke geduckte

Jammergestalt. Aber was sollte ich

machen? Es war einfach zu gefährlich, so
ins Unbestimmte zu fahren.

Das Grinsen war jetzt auf dem Gesicht
des pockennarbigen Fahrers. Er hatte
vielleicht aus der „Schlafgebärde" den
ähnlichen Schluß gezogen wie ich und
dachte:" Weshalb dieser Grünschnabel,
den sie sowieso nicht mehr will? Weshalb
nicht lieber ich?"
Jedenfalls begann er nun während der
etwas verlangsamten Fahrt
unmissverständlich nach meinem Knie zu
grabschen. Ich boxte ihm mit dem
Ellenbogen in die Rippen. Im gleichen
Augenblick sah ich, wie der Gehörlose
sich in höchster Erregung vorwärts beugte
, um den Arm des Taxifahrers zu greifen,
der sich jedoch zur Wehr setzte. Ich schrie,
er solle anhalten, was er aber nicht tat,
sondern dreist seine Hand auf mein Knie
zu legen versuchte. Ich teilte Klapse aus,
der Gehörlose schlug auf den Rücken des
Fahrers ein, und das ganze verlief

geräuschlos wie in einem Stummfilm,
denn wir konnten uns ja sowieso nicht
verständigen. Endlich, als wir in
menschenreichere Straßen kamen, blieb
das Auto stehen. Ich war so aufgebracht,
dass ich mich nicht weiter um den
Gehörlosen kümmerte, sondern eiligst
davon lief in Richtung meiner Wohnung,
die zum Glück nicht allzu weit entfernt
lag.

Tags darauf stand der Gehörlose mit
verstörtem Gesichtsausdruck auf der
anderen Straßenseite, als ich herunter kam.
Er musste mir also gefolgt sein und wusste
nun, wo ich wohnte. In seiner Begleitung
war ein älterer Aegypter, der mich auf
Englisch ansprach. Er stellte sich vor als
Betreuer der Gehörlosen dieses Viertels.
Ahmed, so hieß der Junge, sei untröstlich
über den gestrigen Vorfall und wolle sich
entschuldigen für das unerhörte Verhalten
des Taxifahrers. Und weshalb sei ich denn
so plötzlich ausgestiegen und wollte

wieder in die Stadt zurück? Ahmed habe mir doch anzudeuten versucht, dass er mich zum Haus seiner Eltern bringen wollte, um mich ihnen vorzustellen! Das Dach der Hände hatte Elternhaus bedeutet, in dem er wohnte. Ahmed verfolgte gespannt die Unterhaltung und legte beide Hände auf sein Herz. Ich setzte dem Betreuer auseinander, dass ich Ahmed sehr sympathisch fände, dass er aber verstehen müsse, wie merkwürdig die Situation für mich sei . Doppelt unheimlich im fremden Land, wo mich nicht einmal die meisten Hörenden verstehen konnten. Ich könne mich nicht nochmals auf ein derartiges Abenteuer einlassen, so sehr ich dies bedauere.

Es war traurig zu sehen, wie das hoffnungsvolle Lächeln aus Ahmeds Gesicht verschwand, während er die Zeichensprache an den Händen des Betreuers ablas.

Von diesem Tag an gehörte Ahmed immer wieder zum Bild meiner Straße. Er stand da, sah mich bittend an und hielt die Hand gegen sein Herz gepresst. Ich nickte ihm lächelnd zu, schüttelte den Kopf und ging an ihm vorbei.

Es betrübte mich, ihn so stehen lassen zu müssen, denn ich wusste, er war noch viel trauriger als ich.

Es war für mich eine Seltenheit, mit einem gebildeten Aegypter ein Gespräch zu haben. Meist musste ich versuchen, mit den Leuten auf der Straße klar zu kommen. Aber ich traf einmal einen Journalisten anlässlich einer Kunstausstellung. Ich freute mich und stellte ihm einige Fragen zu Gebieten, von denen ich zugegebenermaßen selbst nicht viel verstand. Also zur Politik des Landes und den sozialen Strukturen. Ich war nicht wenig erstaunt über seine Art, meinen Fragen aus dem Weg zu gehen. Als Antwort zog er immer wieder in gespieltem Erstaunen die Augenbrauen hoch und sagte:" That is a very good question!" Danach wechselte er abrupt das Gesprächsthema.

Eine weitere Einsicht war für mich, dass der Begriff der Wahrheit für den Aegypter weniger einen absoluten Wert darstellt, als viel mehr eine phantasievolle Möglichkeit, mit den Gegebenheiten zurecht zu kommen. Allerdings möchte ich an dieser Stelle des Verkäufers gedenken, der mir aus seinem Laden nachrannte, weil er mir aus Versehen einige Pfennige zu wenig heraus gegeben hatte.

Im Allgemeinen geht ein Aegypter zunächst einmal auf fremde Menschen mit ungebremster Erwartungshaltung zu. Der neue Freund wird möglicherweise bereits nach der ersten Begegnung als Bruder bezeichnet .

Erfährt der Aegypter dann aber nur den Schatten einer Enttäuschung seitens des neuen Freundes, so ist dieser für ihn plötzlich ein schlechter, durchtriebener Mensch, vor dem man auf der Hut sein muß. Weil eine Aburteilung so schnell erfolgen kann, versucht jeder, sich bei der ersten Begegnung so gut wie möglich , manchmal weit über das tatsächliche Vermögen hinaus, darzustellen.

Für einen Europäer führt dieses Verhalten zwangsläufig zu schmerzlichen Fehleinschätzungen. Mit einem Beispiel soll aufgezeigt werden, was damit gemeint ist:

In einem Musikladen hörte ich damals ein Band mit Gitarrenmusik, die mich sehr ansprach. Der Verkäufer sagte, dies sei leider sein persönliches Band, er wolle es mir jedoch innerhalb von fünf Tagen überspielen, dann könne ich mein Band abholen. Als ich wieder in den Laden kam, war leider inzwischen seine Tochter erkrankt. Er hatte also keine Zeit zur Überspielung des Bandes gehabt. Ich solle in der folgenden Woche wieder kommen. Bei der nächsten Anfrage war er zu sehr mit Arbeit überhäuft gewesen, um das Band zu überspielen. Bevor der Verkäufer mich weiterhin vertrösten konnte, fragte ich ihn geradewegs, ob er eigentlich tatsächlich die Absicht habe, dieses Band für mich zu überspielen. Erschreckt durch meinen Frontalangriff gestand er nach einigen Ausweichmanövern, dass er dies nie wirklich vorgehabt habe. Er wollte mich nur nicht gleich zu Anfang schon so enttäuschen.

Einige Wochen darauf lernte ich anlässlich einer Vernissage – die Kunstgalerien werden von der Oberschicht häufig und gern besucht- einen Mann gesetzteren Alters kennen, der einem Büro auf dem Campusgelände der Al Schams Universität (Universität der Sonne) vorstand. Nennen wir ihn Herrn A. Er lud mich ein, ihn während der Dienstzeit zu besuchen, damit er mir die Universität zeigen könne. Ich willigte gerne ein.

Für mich war der herzliche Empfang überraschend, den seine etwa zehn Angestellten mir bereiteten. Er musste also bereits auf meinen Besuch vorbereitet haben.

Sie saßen in einem großen kahlen Raum mit vielen Schreibmaschinenpulten . Im hinteren Teil des Raumes führte eine Stufe zu dem Podest, auf dem der Schreibtisch des Chefs sich befand. Dorthin wurde ich geleitet. Herr A. küsste mir die Hand. Ein in graue Galabia gekleideter Diener mit weißem Kopftuch brachte sogleich einen Stuhl für mich und ein Glas Tee. Alle Sekretärinnen hefteten lächelnd ihre Augen auf mich. Arbeiten musste im Augenblick niemand. Nach anfänglicher Stille der Befangenheit ermunterte Herr A. seine Angestellten, sich ruhig ein wenig mit mir zu unterhalten.

Jedenfalls vermute ich, dass er etwas in diese Richtung gesagt hatte, denn nun fragte mich eine junge Frau auf Englisch, ob ich verheiratet sei. Eine andere betonte, dass ich dem Chef sehr ähnlich sehe. Die anderen stimmten kopfnickend und lachend zu. Das verwirrte mich so, dass ich das Teeglas unter den vielen Blicken irgendwie falsch zum Mund führte. Der Tee lief mein Kinn hinunter und tropfte auf meine weiße Battistbluse. Allgemeine Aufregung! Drei Mädchen führten mich wie eine Verletzte, die man stützen und geleiten musste, zur Damentoilette. Ich war besorgt, dass die Teeflecken vielleicht später, wenn sie getrocknet waren, nicht mehr zu beseitigen wären. Also zog ich die Bluse aus und reinigte sie, so gut es eben ging, unter dem fließenden Wasser. Es war wie gewöhnlich sehr heiß an diesem Tag, also zog ich meine Bluse wieder über , die schnell auf der Haut trocknen würde. Die Mädchen hatten alle Vorgänge aufmerksam verfolgt und brachen jetzt in kleine Schreckensrufe und Gekicher aus, in dem sie auf meine Bluse deuteten. Ich sah an mir herunter und bemerkte, dass sich meine linke Brust unter dem nassen Stoff deutlich abzeichnete.

Ich hob die Bluse etwas von der Haut ab und wollte zurück ins Büro. Die Mädchen hinderten mich daran und baten, zu warten. Nach einer Weile kamen sie mit einem gefransten Halstuch zurück, das ich über den nassen Blusenteil drapieren musste. So geschützt durfte ich Herrn A. wieder unter die Augen treten. Er zog nur die Augenbrauen hoch und lächelte. Die Zeit, bis die Bluse getrocknet war vertrieb ich mir damit, zu versuchen, auf einer arabischen Schreibmaschine die wenigen Worte zu tippen, die mir bereits geläufig waren. Es war eine Überraschung, auf die ich eigentlich hätte gefasst sein müssen, daß der Wagen am Zeilenende genau umgekehrt ausscherte wie bei europäischen Maschinen. Und dann erschienen von rechts nach links die kleinen, krümeligen Schriftzeichen auf dem Papier, die zu erlernen mich so viel Mühe kostete. Ich ging zurück zu meinem Stuhl und fragte Herrn A. , ob ich kurz telefonieren könne.

„Nach auswärts?" Fragte er.

„ Nein, ein Stadtgespräch."

„Das ist auswärts für uns. Es tut mir leid, doch seit der letzten Studentenunruhen vor einigen Jahren sind alle Leitungen nach außerhalb durchtrennt. Man kann nur auf dem Campusgelände telefonieren."

Inzwischen hatte sich die Atmosphäre im Saal normalisiert. Ein Angestellter in der Ecke bei der Tür las seine Zeitung. Eine Frau bat den Chef, ob sie den Raum verlassen dürfe, und eine andere war damit beschäftigt,

ihre Fingernägel zu lackieren. Ich griff verstohlen unter das Tuch. Meine Bluse war immer noch feucht. Also fragte ich

Herrn A. , ob ich einige der Mädchen zeichnen dürfe. Er gestattete dies gerne und ich winkte eine nach der anderen zu mir herauf auf das Podest. Die Wartenden kämmten sich die Haare, sahen in ihre Taschenspiegel und überschminkten die Lippen. Bis auf zwei Frauen in Kopftüchern waren sie modern gekleidet. Der Zeitungsleser hatte auf Wunsch mir gegenüber noch einen Stuhl aufgestellt. Auf diesen setzten sich nach einander die Mädchen und sahen mich mit ernsthaft starrem Blick an, um möglichst genau gezeichnet zu werden. Ich bat sie, ein bischen freundlicher zu schauen, doch das Lächeln erstarb gleich wieder auf ihren Gesichtern, weil dieser Vorgang so ungewöhnlich und spannend für sie war. Sie brachen in Rufe des Erstaunens, der Zustimmung oder Ablehnung aus, je nach dem, ob sie mit ihrem Konterfei zufrieden waren oder nicht.

Eine Sekretärin nahm die flüchtigen Zeichnungen und fertigte Kopien an, die ich signieren musste. Endlich konnte ich das Tuch zurück geben . Herr A. begleitete mich auf einem Rundgang durchs Universitätsgebäude.

Endlich konnte ich ihn fragen, wieso seine Angestellten immer wieder behauptet hatten, dass ich ihm oder er mir ähnlich sehe?

„ Ach das!" Lachte er," nun, ich habe die Mädchen auf Ihren Besuch vorbereitet und behauptet, Sie seien meine deutsche Cousine."

„ Ach nein! Weshalb haben Sie denn eine derartige Unwahrheit verbreitet?"

„ Einfach nur so. Das macht doch Eindruck auf meine Angestellten."

Ich habe Herrn A. noch einmal getroffen. Und zwar waren wir zum Abendessen bei Felfella verabredet, einem der beliebtesten Restaurants im Zentrum . Es ist im Vergleich zu einheimischen Speiselokalen relativ teuer. Man kennt dort die empfindlichen Mägen der Reisenden, so dass auch europäische Gerichte angeboten werden. Der Tourist muß hauptsächlich Salate und rohes Obst vermeiden.

Man wird in diversen Reiseführern auch dazu angehalten, die Zähne nicht mit Leitungswasser zu spülen. Ich habe mich stets daran gehalten und billiges Mineralwasser zur Mundspülung verwendet.

Manchmal fand ich mich jedoch auch Situationen ausgesetzt, wo nur die diskrete Beseitigung eines Getränkes helfen konnte. So besuchte ich einen Kleingärtner auf dem terassenförmig angelegten linken Ufer des Nils. Es machte mir Freude, die Pflanzen zu betrachten, die dort gezogen wurden mitten in der Stadt. Auch ergab sich eine Möglichkeit, an den netten , geduldigen Leuten meine geringen Sprachkenntnisse zu erproben. Ich konnte bereits Sätze sagen wie": heute scheint die

Sonne. Im Wasser sind Fische. Ich bin aus Deutschland. Es geht mir gut."

Natürlich wurde mir Tee angeboten und geschälte Nüsse auf kleinen Tellerchen dazu. Als ich jedoch beobachtet hatte, dass nicht nur das Geschirr im Nil gespült wurde, sondern das Teewasser ebenfalls aus diesem wenig Vertrauen erweckenden Gewässer stammte, war ich der Mutter Erde dankbar, dass sie meinen Tee in unbeobachteten Augenblicken so bereitwillig zu sich nahm. Doch zurück zu Herrn A. Ich hatte natürlich nicht angenommen, dass er mich zum Essen einladen würde. Aber dass er unglaublich viele Gänge hinter einander bestellen würde, und dies auf meine Kosten, weil er zufällig kein Geld dabei hatte, war mir nicht klar gewesen. Ich sah ihm, längst gesättigt, beim Essen zu und wunderte mich über seine unbekümmerte Dreistigkeit.

Zu diesen mehr unerfreulichen Kontakten gehörte auch eine Frau namens Suad. Sie war Fremdenführerin in einer der Moscheen. Da sie gut Englisch sprach, unterhielten wir uns gut, denn ich konnte sie vielerlei fragen. Ich besuchte sie sogar einmal zu Hause. Sie erklärte, dass wir nun Freundinnen seien. Und sie erzählte mir eine überaus traurige Geschichte: sie habe unter den anderen Wächtern der Moschee einen heimlichen Geliebten. Aber er könne sie nicht heiraten, weil das nötige Geld fehle. Die einzige Freude, die ihnen blieb, war die gemeinsame Busfahrt von der Arbeit zurück nach Hause. Und, und, und... Suad gelang es, mein Herz zu rühren . Ich gab ihr eine recht hohe Geldsumme. Sie war darüber natürlich sehr beglückt. Wir sahen uns seltener. Als ich nach zwei Jahren noch einmal in Kairo war, gelang es mir, Suad zu besuchen. Aus der Heirat war aus irgendwelchen Gründen nichts geworden. Von dem Geld sprach sie nicht mehr. Ich auch nicht. Hätte ich es tun sollen?

Es ist an der Zeit, ein wenig mehr von meinem ständigen Begleiter, dem Auto Mustafa zu erzählen. Mein anfänglicher Stolz über seinen Besitz sollte auf harte Proben gestellt werden.

Zunächst ist es einmal grundsätzlich eine große Herausforderung, als Europäerin in Kairo Auto zu fahren. Zwar war ich bereits in italienischen Städten herum kutschiert, doch trifft man in Rom so gut wie nie auf Kamele, während diese Tiere zumindest in den Außenbezirken von Kairo durchaus als gleichberechtigte Verkehrsteilnehmer angesehen werden. Gleichberechtigt vielleicht, und eben so ignorant wie ihre Besitzer, was Begriffe wie Einbahnstraße oder Überholen und Rechtsfahren betrifft. Man darf als Fahrer nicht in Eile sein . Dann kann es schon reizvoll sein, im Schritttempo an einem beweglichen Wald von Beinen vorbei zu fahren und ab und zu weit oben den erhabenen Ausdruck einer hochmütigen Unterlippe zu erhaschen. Aus weiterer Distanz sieht eine solche Kamelherde aus wie ein kleines Hügel - Gebiet, das sich möglichst zügig davon machen möchte. Auch Ziegenherden und Esel sind gleichberechtigte Verkehrsteilnehmer. Von hastenden Menschen ganz abgesehen, die in allen Richtungen ohne besondere Sorgfalt über die Straßen eilen. Wird jemand angefahren und kann noch weiter humpeln, so ist dies höchstens Anlaß für einen leichten Fluch wie :"Sabberarob! „

Es werden höchstens Versicherungen für den Todesfall abgeschlossen, aber längst nicht von jedem Autofahrer. Also warum sich viel beklagen, wenn man angefahren wird? Geld gibt es sowieso nicht, und Allah wird schon helfen.

Das Gute am Autoverkehr in Aegypten ist die allzeit reaktionsbereite

Aufmerksamkeit, mit der man sich in das fließende Chaos begibt. Alles Unvorhergesehene ist jederzeit möglich . Man hält einfach Augen und Ohren offen. Zurück in Deutschland tat ich mich anfänglich unerwartet schwer mit dem Autofahren, weil keiner das Unwahrscheinliche für möglich hält, man also von keiner Regel abweichen darf, sonst kracht es gleich. Da ist man in Aegypten weit flexibler mit dem gehörigen Reaktionsvermögen und Gottvertrauen. Es sitzen übrigens auch Frauen hinterm Steuer, doch entschieden seltener als bei uns.

Die Aegypterinnen sind dagegen darauf gekommen, dass sich der Autoverkehr für den eigenen Haushalt nutzen lässt. So breiten sie morgens gerne ihre Vorleger auf den Asphalt, damit diese bis mittags von den vielen Autoreifen gut durchgeklopft sind. Die gesamten hupenden, klingelnden, von Rufen und

Lachen schallenden Autostraßen machen auch akustisch einen freundlichen Eindruck. Es ist nicht die böse, anonym sausende Gleichförmigkeit, wie wir sie von unseren Städten kennen, sondern das Chaos hat Harmonie, der Lärm ist musikalisch unterlegt! Während der ersten Tage in Kairo hat der Fremdling allerdings noch nicht die Ohren und Augen , dies wahrzunehmen. Ich weiß nicht, aus welchem Grund gerade über den höllisch lauten , zentralsten Midan Tacharir immer wieder Schafherden getrieben wurden. Der gute Hirte ging dabei der Herde voraus mit einem Bündel Klee in der nach hinten ausgestreckten Hand. Der Leithammel folgte gierig mit weit vorgestreckter Nase, und das Fußvolk trippelte eilig hinterher, taub für den ohrenbetäubenden Lärm der städtischen Busse, die ihren Halte-Inseln zustrebten. Wer mit seinem Gefährt in eine solche Schaf-oder Ziegenherde gerät, zwängt sich zielstrebig zwischen den wolligen Leibern hindurch. Alles kein Problem. Ich fuhr ja sowieso nicht mit dem Auto, um möglichst schnell irgendwo hin zu kommen, sondern um beim Fahren möglichst viel zu erleben: Büffel, die bedächtig Zehe vor Zehe setzten, Pferdewagen, die ein angebundenes weißes Eselchen mit sich führten.

Der Esel ist das ideale Reittier für Kinder. Ich sah einen etwa Dreijährigen allein auf einem solchen Tier reiten. Der Vater setzt die Kinder auf den Feldern rund um Kairo nach getaner Arbeit auf die Esel, die ihren Weg absolut zuverlässig nach Hause finden, während der Vater noch mit dem Anschirren der Büffel oder dem Aufladen von Futterpflanzen beschäftigt ist. Einmal begegnete mir auch ein Mann auf einem Esel. Seine Füße schleiften dicht über der Erde. Vor sich quer über den Sattel gestellt hielt er ein neu gerahmtes Fenster, durch das er aufmerksam hindurch blickte,

Ein Dreijähriger auf Vaters Esel reitend

Einmal kam mir ein hoch mit Klee beladenes Pferdefuhrwerk entgegen. In der grünen Mitte saß ein junger Mann in Galabia und las im Koran, ohne der Straße auch nur einen Blick zu gönnen. Ein andermal kam ein ähnliches Fuhrwerk von rechts auf Mustafa zu. Der Bauer hielt die schlaffen Zügel und schien nahe dem Einschlafen. Das von Scheuklappen in der Sicht behinderte Pferd prallte auf mein an der Kreuzung wartendes Auto und brach zusammen. Ich war tief erschüttert. Doch einige Männer eilten herbei, stellten den Gaul wieder auf die Beine, und er torkelte weiter.

Wenn die Autos besonders dicht auf dicht an einer Kreuzung hinter einander fahren, kann es sein, dass Kinder sich auf den Händen radschlagend von Blechdach zu Blechdach hanteln.

Auf den Hauptstraßen in der Innenstadt verdienen sich alte Männer in wallenden Galabias ihren Lebensunterhalt damit, die

Autos ein-und auszuparken. Es gehört hierzu eine unglaubliche Geschicklichkeit. Der Abstand von Stoßstange zu Stoßstange beträgt meist weniger als eine Hand breit. Ich habe diese Einparker als sehr angenehm empfunden. Man übergibt ihnen das Auto mit Schlüssel , das man irgend wo in zweiter Reihe stehen läßt, und braucht sich nicht weiter darum zu kümmern.

Einmal im Jahr feiert die Polizei in Kairo ein großes Fest mit Pauken und Trompeten, mit Ansprachen, Belobigungen und Ermunterungen zu mehr Disziplin. Jedenfalls sind die Wochen unmittelbar nach dem Fest für den Autofahrer ausgesprochen unangenehm. Überall stehen Polizisten bereit, um ihr Blöckchen zu zücken und harte Strafen zu verhängen . Sogar wenn man bei Rot über die Ampeln fährt, setzt es nun Strafen. Zum Glück legt sich dieser Übereifer schnell für den Rest des Jahres, und jeder kann hinterm Steuer wieder tun, was er will, wie es sich ja schließlich auch gehört. Nur auf den wichtigsten Arterien und Venen dieser überfüllten Stadt beachtet man ganzjährig die Ampelfarben, weil sonst kein Durchkommen mehr wäre. Diese erzwungenen Aufenthalte bei Rot werden von geschickten kleinen Jungen genutzt, um die Frontscheibe für einige Pfennige zu säubern und dem Fahrer das Inventar ganzer Kramläden anzubieten. Ich habe mich auf diese Weise immer mit Kleenextüchern, Coca Cola, Staubwedeln, Bleistiften und Pfefferminzbonbons versorgt.

Manche Autos in Kairo haben das Deutschland Schild hinten aufgeklebt, das gilt für besonders schick, wobei es keine Rolle Spielt, ob das D vielleicht auf dem Kopf steht.

In dem vorwiegend heißen, trockenen Klima rosten die Karosserien kaum, und so sah ich manchen anscheinend völlig intakten Käfer aus den Sechzigerjahren auf den Straßen.

Eines Tages fuhr ich nach Sakara und noch etwas über den eingezäunten Tempelbezirk hinaus. Auf der Asphaltstraße wirbelten feine Sandfahnen wie Luftgeister dahin, während vor mir die im Mittagslicht leuchtenden Sonnentafeln der Gisa-Pyramiden auftauchten. An ihnen vorbei nahm ich eine Straße in südlicher Richtung , nur durch den Kanal und die Gärten getrennt von dem sandigen Weg, auf dem ich einmal auf Kamelrücken geritten war.

Hinter Sakara beginnt eine abgesperrte Militärzone, ein Truppenübungsplatz oder ähnliches. Ich lagerte nahe bei dem leeren Wachthäuschen zwischen den beiden Gebieten. Es war früher Abend. Vor mir lagen die Reste eines zerstörten Tempelchens. Nur eine Säule ragte noch auf vor den staubigen, raschelnden Blättern einer Palme. Zwei Kinder führten ihre Schafe und Ziegen heimwärts. Kaum hatten sie mich erblickt, kamen sie näher, ließen die Tiere stehen und hockten sich zu mir. Es folgte die übliche kleine Unterhaltung, die sich auf unser gegenseitiges Ergehen , unsere Namen und das Wetter beschränkte. Danach lächelten wir uns so lange zu, bis die Kinder begannen, kleine Steine zu sammeln und mit den Fingern ein schachbrettartiges Muster in den Sand zu zeichnen.

Sie begannen mit dem Siga Spiel, das ich bereits von den Kameltreibern westlich von Mohandissu kannte: der eine Spieler erhält drei weiße Steine, der andere drei graue oder schwarze. Es gilt, die eigenen Steine so schnell wie möglich ohne Überspringen oder Querziehen auf die Gegenseite zu bekommen.

Das Mädchen beobachtete genau, ob ich auch verfolgte, wie schlau sie ihren Bruder im Spiel besiegte, der die Regeln wohl allerdings noch nicht ganz verstehen

konnte und mit der kleinen Hand die
Steine oft einfach da hinlegte, wo er sie
haben wollte. Nach einer Weile fragte ich,
ob ich es auch einmal versuchen dürfe.

Das Mädchen stieß den Kleinen unsanft
beiseite, der sich zu den Tieren trollte, die
nach vereinzelten Halmen zwischen den
antiken Trümmern suchten.

Vielleicht ist dieses Sigaspiel, zu dem man
nichts weiter benötigt als Erde und Steine ,
bereits so alt wie die Pyramiden. Ich
erinnere mich, schon manchmal ein solch
einfaches Spielmuster auf den Stufen
griechischer Tempel eingeritzt gesehen zu
haben.

Die Schatten wurden länger. Wir spielten
immer noch. Ich beobachtete die
Grübchen, die sich in den Mundwinkeln
des Mädchens bildeten, wenn ich mit
meinem schwarzen Stein einen unklugen
Zug getan hatte.

Zwei Reiter näherten sich. Der
blassgoldene Sand wirbelte um sie. Dieser

leuchtende Sandstaub stieg auf als leuchtende Offenbarung. Der Anblick erinnerte mich an das biblische Wunder im brennenden Dornbusch. Die Reiter kamen auf uns zu. Der Boden vibrierte unter den Hufen. Der erste war schwarz, wild und bedrohlich anzusehen. Er hielt seinen Stock wie ein Schwert, während er mit kehligen Schreien dicht an uns vorbei galoppierte. Der andere war weiß gekleidet. Staub und Sonnenglast ließ die Ränder seines flatternden Gewandes und seiner Kopfbedeckung, der Kofea, im Gegenlicht aufleuchten wie eine heilige Rüstung.

Wir hatten das Spiel abgebrochen. Mit kurzem Gruß zogen die Kinder weiter, gefolgt von ihren Tieren.

Ich stand auf und ging zu der einzigen Säule, die hier noch aufrecht stand. Rund um ihren Schaft verstreut lagen Tonscherben, wie ich sie auch in den antiken Ruinen bei Talbasta im Nildelta entdeckt hatte.

Man gab mir dort die Erklärung, es handle sich bei dem Zertrümmern von Tonwaren um einen uralten Brauch, ein Fruchtbarkeitsritual. Auch in Frankreich finden sich bis auf den heutigen Tag rings um die Menhire der Bretagne ähnliche Relikte uralter Götterbeschwörung . Sie liegen vielleicht auch unserer Sitte zugrunde, am Polterabend möglichst viel Geschirr zu" zerpoltern „.

Beim Kauf von Mustafa hatte ich meinen internationalen Führerschein vorgezeigt. Aber was benötigte ein Aegypter als Voraussetzung, um den Führerschein zu erhalten? Eine schriftliche Prüfung gibt es nicht. Wahrscheinlich würden sonst zu viele Analphabeten niemals hinters Steuer gelangen.

Es ergab sich , dass Ali aus der Nachbarschaft gerade mit Fahrstunden begann . Ich fragte, ob ich mit dabei sein dürfe. Es wurde mir gestattet, und so stiegen wir in ein klappriges Fahrzeug ohne Blinker, Fahrschul-Kennzeichen und Außenspiegel. Ich saß hinten, während der Lehrer uns in eine relativ verkehrsarme Villengegend fuhr. Dort hielt er und tauschte den Platz mit seinem Schüler Ali. Die folgenden theoretischen Erklärungen konnte ich nicht verstehen und betrachtete die leuchtend rot blühenden Bäume rings um ein Rondell, auf dem zwei übermütige Esel tollten. Schließlich tippte der Fahrlehrer bedeutsam auf die Gangschaltung , und dann sprang das Auto mit einem heftigen Satz vorwärts, wonach es eben so plötzlich wieder zum Stehen kam. Wie alle Anfänger hatte Ali zu viel Gas gegeben und danach die Bremse getreten. Beim zweiten Versuch ging es bereits besser. Wir schlingerten verdächtig nah an einem Melonenstand vorbei. Der Fahrlehrer griff behende ins Steuer, und

die Fahrt ging weiter, immer gerade aus im
zweiten Gang. Und dann immer rechts
herum, rechts herum an prächtigen alten
Villen vorbei, bis wir wieder bei den
ausgelassenen jungen Eseln waren.
Danach diese gesamte Strecke noch einmal
etwas weniger schleichend. Des Lehrers
wachsames Auge ersetzte den Rückspiegel
und sein langer Arm die kaputten Blinker.
Er fuchtelte wild herum, um die Händler
am Straßenrand zu warnen, auf deren
Karren wir oft allzu entschlossen zufuhren.
In gleicher Weise signalisierte er allen
Autos, die sich dicht an uns vorbei
drücken wollten , den gebührenden
Abstand zu wahren.
So ging die erste Stunde zu Ende. Die
zweite empfand ich als weniger angenehm
. Diesmal wurde in einem
Baladin(Stadtbauern) Viertel geübt, wo auf
dem Müll vor den Häusern Hühner
zwischen Auto- Wrackteilen, Sessel-
Gedärmen, Brettern und verrottenden

Plastiktüten herumpickten. Auf den Müllhügeln saß hier und da ein Verkäufer, der seinen Bestand an Kämmen, Unterhosen und Zitronen hütete. Kleine Mädchen liefen barfuß durch den Schlamm vom letzten Regen. Die zerschlissenen Röckchen waren mit Rüschen und Pailletten verziert.

Ali musste wieder wie in der ersten Stunde das Geradeausfahren und rechts Abbiegen im zweiten Gang üben. Der Unterrichtswagen war diesmal ein anderes, seltsam stotterndes Gefährt, das nach der Halbzeit den Geist aufgab. Zum Glück begegnete uns ein zweiter Wagen der Firma, der uns mit in die Innenstadt nehmen konnte. Allerdings ohne den Fahrlehrer, der hinter der aufgeklappten Kühlerhaube verschwand.

Ich verzichtete auf die Teilnahme an noch mehr Fahrunterricht. In der folgenden Woche zeigte Ali mir stolz den Führerschein, der ihm nach weiteren drei

Fahrstunden verliehen wurde. Über das Fahren im zweiten Gang war er allerdings nicht hinaus gekommen. Die anderen Gänge kommen im Straßenverkehr von Kairo ja auch nur selten in Gebrauch.

Mein Mustafa, der mir nach dem Sturz vom Kamel so nützlich gewesen war, entwickelte bald ein Leiden nach dem anderen. Er war ein Gebrauchtwagen, doch keineswegs, wie der Händler mir zugesichert hatte, mit neuem Austauschmotor.

Die ersten Tage war ich voll damit beschäftigt, mich an den genialen aegyptischen Fahrstil zu gewöhnen.

Zunächst wurde ich, von Eselskarren in die Straßenmitte gedrängt, immer wieder von beiden Seiten gleichzeitig überholt. Die jeweiligen Überholer trafen bei diesem Manöver in eleganter Engführung wieder vor meiner Kühlerhaube zusammen. Wenn man als Fahrer Tierfreund ist und auch Menschen nicht unbedingt beschädigen möchte, ist es in dieser Situation schwierig, wieder ans rechte Straßenufer zu gelangen. Doch ich lernte schließlich die Fahrweise , welche man eine besondere Fortbewegungsart innerhalb dynamischer Strudel nennen könnte. Spätestens bei der ersten Reifenpanne wurde mir klar, wie wichtig es gewesen wäre, schon vor dem Aufbruch nach Aegypten das Wechseln eines Reifens zu erlernen oder aber die arabische Sprache. Zwar war angesichts des schlaffen Reifens keine große Verständigung notwendig. Es wäre aber nett gewesen, Worte wie Felge oder Runderneuerung ins Gespräch einbringen zu können. Ich musste nach drei weiteren Reifenpannen alle vier Räder ersetzen lassen. Damit war es jedoch nicht getan. Die Fahrten zu den verschiedenen Reparaturwerkstätten wurden zur fast täglichen Routine .

In der ersten Werkstatt hatte man mir gerade so viel Benzin im Tank gelassen, dass es über die nächsten zwei Kreuzungen reichte. Bei der zweiten Werkstatt war ich bereits gewitzter und notierte mir die Kilometerzahl. So konnte ich feststellen, dass mein Mustafa für die Kollegen aus der Werkstatt willig 85 Km gefahren war. Auf meine Nachfrage erhielt ich die Auskunft, man habe das Auto zur Kontrolle des Triebwerkes stundenlang hochgebockt auf der Stelle fahren lassen müssen. Nun ja, wenn Mustafa wenigstens nicht so durstig gewesen wäre! Er verbrauchte nicht, wie der Händler versichert hatte, kaum 10 Liter pro hundert Kilometer, sondern unglaubliche siebenundzwanzig! Dafür erbrachte er jedoch immerhin auf offener Strecke die Höchstleistung von 96 Km pro Stunde. Das war durchaus vernünftig, denn nur ein Draufgänger würde es wagen, auf diesen Straßen, die von ungeschützten Löchern und deckellosen Gulilöchern wimmeln, ganze hundert Km/St zu riskieren.

Mustafas Sicherheitsgurte sahen aus, als hätten sie zur Befestigung von Elefanten gedient: schlaff, total ausgeleiert, unbrauchbar. Es war nicht einfach, überhaupt einen Händler für solche Gurte aufzutreiben. Aber nach manch vergeblichem Versuch und zweiwöchigem Mahnen konnte ich mit dem neu installierten Gurt losfahren.

Beim ersten Versuch, mich anzuschnallen, zeigte sich leider , dass dieser Gurt für die Rückbank gedacht und also viel zu kurz war. Es war aber auch viel zu heiß und ich war viel zu frustriert, um nochmals zu dieser innerhalb einer verzwickten Straßensituation liegenden Garage zu fahren . Also dachte ich an die Millionen Aegypter, die alle ohne Gurte durchs Leben kommen. War ich ein zartes Kind oder eine very important person? Nein! Also konnte auch ich auf den Gurt verzichten.

Nicht lange nach dieser Gurterfahrung
blieb Mustafa ohne Vorzeichen an
besonders ungünstiger Stelle mitten auf
dem Midan Sphinx einfach stehen. Da half
nur schieben. Zum Glück halfen mir drei
freundliche Passanten und die Garage war
in der Nähe. Wieder ein Tag ohne Auto!
Am nächsten Tag, als ich Mustafa
abgeholt und vor dem Haus geparkt hatte,
klopfte alsbald der Hausmeister an meiner
Wohnungstür. Eine schwarze Lache hatte
sich hinter dem Auto gebildet. Diesmal
handelte es sich nur um eine Kleinigkeit.
Der Monteur hatte vergessen, eine
bestimmte Benzinschraube im Kofferraum
fest anzuziehen, wodurch etwa zwei Liter
ausgelaufen waren. In aller Eile räumte ich
hinten alles aus , wischte mit einem
Lappen den Ersatzreifen, die Werkzeuge
und die Straße sauber. Leider blieb mein
Pullover für kühle Abende und ein
Sitzkissen auf der Strecke. Sie waren
durchtränkt mit Benzin. Der nette

Hausmeister verbrannte sie für mich in einer leeren Blechtonne.

In den folgenden drei Wochen fuhr Mustafa, von zwei kleineren Reparaturen abgesehen, ganz manierlich, doch dann ließ sich der zweite Gang nur mehr nach längerem Herumprobieren und einigen Stoßgebeten im Schritttempo einlegen. Bald darauf reagierten die übrigen Gänge nur mehr zögerlich auf Brachialgewalt. Diese unangenehmen Kupplungsstörungen ließen sich immer nur für einige Tage beheben. Aber sollte ich jetzt auch noch eine neue Kupplung einbauen lassen in ein Auto, das ich sowieso nicht allzu lang besitzen würde?

Hier in Aegypten würde mir sowieso kein potentieller Käufer glauben, daß ich das Innenleben Mustafas praktisch völlig erneuert hatte. Wie ich von meinem Händler gelernt hatte, würde jeder Verkäufer, der einigermaßen bei Trost war, von seinem fünfzehn Jahre alten Gebrauchtwagen das gleiche behaupten.

Leider, leider stellte sich bei einer weiteren Fahrt nach Faium heraus, dass auch die Scheibenwischanlage und das Fernlicht nicht mehr funktionierten. Endlich war meine Geduld erschöpft und ich wollte Mustafa nicht mehr in einem düsteren Hinterhofschuppen reparieren lassen, sondern in einer regelrechten Werkstatt, wo auch die blitzenden ausländischen Wagen der reichen Leute gewartet wurden. In meiner Umgebung kannte niemand eine derartige Einrichtung. Also erkundigte ich mich nach einem Telefonbuch. Ich wusste bereits, dass meine Vermieterin keines besaß, dass diese Bücher überhaupt ein seltener Artikel zu sein schienen. Von den meisten Telefonanschlüssen ließen sich übrigens keine Ferngespräche führen.

Postämter, das war es! Ich ging also zu dem Postamt, von dem aus ich immer in

Deutschland anrief. Fehlanzeige, kein Telefonbuch. Ebenso wenig erfolgreich war ich in kleineren Hotels. Erst das Sheraton verfügte über eine Art Branchenverzeichnis. Genau das, was ich brauchte! Ich rief bei mehreren Betrieben an, die jedoch keine Reparaturen vornahmen , sondern nur neue Autos verkaufen wollten. Es gab auch keine Empfehlungen. Kairo war einfach zu riesig und unübersichtlich. Unter Reparaturwerkstätten war kein Eintrag zu finden. Also zurück zu den kleinen Murksbetrieben, was blieb mir anderes übrig!

Die Beleuchtung und die Waschanlage ließ ich um den Block herum bei dem freundlichen, von oben bis unten oelverschmierten Aegypter reparieren. Er holte dieses Mal einen Mann zur Hilfe, der Englisch reden konnte, um mir die Art seiner Reparatur zu erklären: er habe leider aus technischen Gründen die Lichthebel-

Anlage verlegen müssen und statt dessen den bisherigen Beleuchtungssektor mit der Waschanlage verbunden. So in etwa war es jedenfalls dem englischen Kauderwelsch zu entnehmen. Ich seufzte und fuhr los.

Diese „technische Notwendigkeit" hatte zur Folge, dass Mustafa bereits wenige Tage darauf in Tränen ausbrach, als ich links abbiegen wollte. Ich versuchte ihn zu trösten, doch die Symptomatik verschlechterte sich von Tag zu Tag. Bald konnte Mustafa auch in Rechtskurven die Tränen nicht mehr zurück halten und weinte schließlich ständig leise vor sich hin, bis sein Tränenvorrat erschöpft war. Es ging dem armen Auto wirklich nicht gut. Als ich einmal zum Midan Tacharir unterwegs war, durchlief ein Zittern seinen Leib wie ein Schüttelfrost, und auf der Kasr al Nil Brücke blieb es einfach stehen. Dies war an sich nichts so Ungewöhnliches. Ich habe diese Brücke nicht einmal überquert, ohne mindestens zwei bis drei gestrandete Autos am Rande stehen zu sehen. Ich befand mich also in guter Gesellschaft und hatte von der Brücke aus ja auch eine schöne Aussicht auf den Nil.

Es dunkelte bereits. Endlich hielt ein Motorrad neben mir. Herunter stieg ausgerechnet ein hilfsbereiter Automechaniker, der sich auf dem Heimweg befand.

Ich war sehr dankbar, dass er notdürftig reparierte, was dann tags darauf in der Werkstatt endgültig vermurkst wurde.

Das nächste Versagen stellte sich entsprechend bald ein. Es geschah auf der Shara Sudan. Ein Taxifahrer war es diesmal, der gerade keinen Kunden hatte und sehr fachmännisch einen Teil des Motors herausnahm, um ihn in eine nahe Werkstatt zu bringen. Ich zweifelte, ob ich ihn wiedersehen würde. Doch mein Misstrauen war nicht gerechtfertigt. Er brachte das Teil tatsächlich zurück , baute es wieder ein und verlangte eine gehörige Summe. Es war auf dieser Shara (Straße), dass Mustafa mich verraten hat, und es krähte keiner der Hähne dazu, die in ganz Kairo um vier Uhr morgens den kommenden Tag verkünden. Ich ließ noch im Beisein des Taxifahrers den Motor an. Er brummte zufrieden. Doch kaum war das Taxi um die Ecke, da streikte mein Mustafa. Ich brauche nicht zu erwähnen, dass ich am Ende meiner Nervenkraft war. Die Kuppelung wackelte bedenklich. Also nahm ich das nächste Taxi zur Werkstatt und ließ Mustafa abschleppen. Ich war voll Groll im Herzen und hätte mich am liebsten von diesem Auto für immer getrennt. Doch wie konnte ich dann noch zu den verschwiegenen Gärten hinter dem Kamelmarkt gelangen oder nach Faium ,oder zu dem See, in dem sich während der Wintermonate die Pyramide von Sakara geheimnisvoll spiegelte?

Obwohl es inzwischen kaum mehr ein Teil in Mustafas Körper gab, das noch nicht repariert gewesen wäre, brachte er es fertig, unweit der bereits erwähnten Brücke in einer engen Straße erneut zusammen zu brechen. Es war diesmal um die Mittagszeit.

Ich stand mit tief in die Stirn gezogenem Kopftuch neben dieser undankbaren Kreatur in der prallen Sonne und begann zu verzweifeln. Und da geschah das Wunder! Ein Wunder, das mir in dieser Stadt von rund siebzehn Millionen Einwohnern den gleichen Mechaniker auf seinem Motorrad vorbei schickte , der mir bereits einmal auf der Brücke am Abend geholfen hatte! Wir konnten es beide kaum glauben, und natürlich brachte er den guten Mustafa wieder auf Trab für einige Tage.

Tage ja, doch es gab auch Nächte, in denen Mustafa sein Unwesen trieb. Der Hausmeister, dessen Zimmer zur Straße lag, klopfte mich eines Nachts aus dem Schlaf, weil Mustafa unglaublich laut Musik machte. Das war allerdings völlig unmöglich, denn das Radio ging automatisch aus, wenn ich den Zündschlüssel heraus nahm. Und der war vorhanden, der lag auf meiner Hand! Gemeinsam stürzten wir hinunter. Und schon im Hausflur schallten mir die Rhythmen entgegen. Unmöglich! Einige Fensterläden hatten sich bereits geöffnet, als ich ins Auto stieg und das Radio per Hand abdrehte.

Der Vorfall blieb zunächst ungeklärt. Doch dann eines Tages, als ich den Schlüssel abgezogen hatte und bereits aus dem Wagen gestiegen war, fing der Motor wieder zu brummen an. Dies Auto wurde mir von Tag zu Tag unheimlicher! Vielleicht würde Mustafa sich demnächst völlig von mir emanzipieren und ohne mich losfahren zuunbekannten Zielen?

Was war geschehen mit dem Zündschloß?
Ich weiß es nicht bis zum heutigen Tag.
Jedenfalls ließ sich der Schlüssel bereits
auf halbem Weg herausziehen, was zur
Folge hatte, dass die ganze Mechanik
wieder anspringen konnte , sobald es
Mustafa gefiel. Als dann auch noch die
Zündkerzen erneuert werden sollten, gab
es einen kurzen, jedenfalls von meiner
Seite schmerzlosen Abschied .
Wie ich Mustafa überhaupt los werden
konnte? Es war in Aegypten, und da fragt
man besser nicht so genau nach.

Ohne Auto verbrachte ich nun mehr Zeit
in meiner geräumigen Wohnung, in der ich
mir nie so isoliert vorkam, wie manchmal
zu Hause in den beengteren vier Wänden.
Obwohl ich mit den meisten Menschen
nur sehr bruchstückhafte Gespräche führen
konnte, fühlte ich mich doch von einer
warmen Welle kindlich vorbehaltloser
Teilnahme umgeben.

Ich hörte das Klingeln des
Gemüseverkäufers und lauschte dem
fröhlichen Gekicher der Mädchen, die zur
Familie des Hausmeisters gehörten. Sie
hausten in der leer stehenden Garage
unterhalb meines Balkones. Den ganzen
Tag beschäftigten sie sich im Garten, wo
ihre rot, blau und weiß leuchtenden
Gewänder unter den staubigen Blättern
exotischer Bäume auftauchten und wieder
im tieferen Schatten verschwanden.
Ich hatte zu Anfang Mitleid mit diesen
mit dicker Staubkruste bedeckten
Stadtpflanzen und auch das Bedürfnis, in
glänzendes Grün blicken zu können. So
erwarb ich einen langen Schlauch, den ich
am Hanafia, dem Wasserhahn in der
Küche, befestigte, um wenigstens die
Blätter in erreichbarer Nähe abzusprühen.
Aber es half nur wenig. Sie wichen dem
Strahl elastisch aus und behielten, sobald
sie wieder getrocknet waren, ihre

alterstaube Patina. Die Mädchen aber
streckten ihre Handflächen nach oben
und freuten sich über das Naß, das ich
ihnen vom Balkon aus spendete. Es
machte nichts, wenn die Kleider feucht
wurden, sie waren im Nu wieder
getrocknet. Die Mädchen hüpften von
einem Bein aufs andere unter meiner
Dusche und schüttelten sich wie nasse
Hunde, wobei sie die Tropfen von den
Fingerspitzen abperlen ließen.
Wir hatten viel Spaß mit einander. Ich saß,
sobald der Schatten kam, oft mit einem
Buch auf meinem Balkon und beobachtete
diese Mädchen, wie sie die Hühner
fütterten, die Wäsche in leeren Mülltonnen
wuschen und tropfnaß auf eine Leine
hingen, die zwischen zwei Palmen
gespannt war. Zuvor wurde diese Leine
mit einem Tuch gesäubert, auf dem sich
lange schwarze Spuren bildeten , wirr wie
ein abstraktes Gemälde, das sie mich

zwischen ausgestreckten Armen sehen ließen.

Bei allem, was sie taten, konnte ich dazu gehören, auch wenn ich nur lesend ihre kleinen Freudenschreie oder harmlosen Streitereien hörte. Wollte ich sie aber begrüßen, brauchte ich mich nur rufend übers Geländer zu lehnen: „ Hallo Fatma, Amal, Suad, Marua!"

Auch die Mädchen hatten einen Schlauch, mit dem sie das Geschirr abspülten. Spät abends wässerte ihr Vater die einzelnen Stauden und Bäume. Endlos probierten diese noch nicht Verheirateten irgend welche Gürtel, künstliche Ansteckblumen und Frisuren aus , oder sie kugelten sich über die ins Freie getragenen Matratzen, auf denen sie auch hockten, um im Garten meiner Vermieterin und ihrer Herrin Saida Said Kartoffeln zu schälen. Ich warf manchmal ein Garnknäuel zu ihnen vom Balkon, dessen Ende ich in der Hand behielt, oder eine Orange. Dann lachten sie schallend und machten mir Zeichen, hinunter zu kommen, um mit ihnen Tee zu trinken. Wenn ich eines meiner neuen Bilder aus dem Wohnzimmer holte und ihnen von oben zeigte, ließen sie gurrende Laute des Entzückens hören.

Inzwischen hatte ich neunzehn Bilder fertig gestellt, ohne Saida Saids Wände wesentlich schmutziger zu machen mit meiner Kleckserei, als sie sowieso bereits waren. Wenn ich einen frischen Oelfarbenfleck entdeckte, wischte ich ihn so gut es ging mit Terpentin wieder ab, wobei allerdings der vorletzte Anstrich der Wand zum Vorschein kam. Aber das war nicht so wichtig in diesem Land, wo sich das Leben bis auf Schlafen und Essen meist sowieso im Freien abspielte.

Was mich zu dieser Zeit besonders bei meiner Malerei faszinierte war die Mühelosigkeit, mit der sich das Auge täuschen ließ. Die Bereitschaft des Auges, eine zweidimensionale Malerei durch farbliche Abstufungen und perspektivische Andeutungen plastisch zu erleben. So ergaben drei verschieden helle Striche, untereinander oder nebeneinander gesetzt nur einen flächenhaften Eindruck. Doch sobald man sie in entsprechender Weise anordnete, erschien dem Auge die plastische Illusion eines Würfels oder Hausdaches. Es war also nicht schwer, mit wenigen Strichen beispielsweise eine Hütte anzudeuten. Das Auge spielte bereitwillig mit, so mühelos, dass ich mir die Frage stellte nach der Gültigkeit einer Realität, die sich für unser Bewußtsein vielleicht auch nur scheinbar aus subjektiven Assoziationen ergab.

Betrachtete man beispielsweise manche Querschnitte von Quarzsteinen, so tat sich eine minutiös andere Realität auf.

Im den feinen, wie mit chinesischem Pinsel hingetupften Einzelheiten dieser Halbkristalle stellte sich manchmal die Gewaltigkeit einer anbrausenden

Meereswelle, einer Wüstenlandschaft oder weißer Sterne und schwarz drohender Gebirge dar.

Ich hatte mir bei meinen noch so geringen Kenntnissen vorgenommen, zunächst möglichst streng naturgetreu zu zeichnen und zu malen. Der Übergang von photografisch genauer Darstellung des Sichtbaren zu einer lockereren Pinselführung würde sich vielleicht ergeben, wenn ich erst so weit gekommen war, die Vorgaben der Natur in andere Dimensionen zu heben. Beispielsweise Einzelheiten wie einen Fingernagel, den Rand einer eisbedeckten Pfütze oder die Struktur einer Baumrinde vergrößert sichtbar zu machen als sich verselbständigende Erscheinungen. Jedenfalls wollte ich mit dem Pinsel nicht unachtsam effektvoll vor mich hinfaseln . Ich wollte eine undeutliche Sprechweise vermeiden, wenn sie unkritischen Betrachtern vielleicht auch als Kunst

erscheinen würde. Malen war ja in
gewissem Sinne wie Schreiben und
Schreiben wie Malen. Intuition war in
beiden Fällen auch das Sichtbarmachen
verborgener, vom Bewusstsein
bisher nicht erfasster Strukturen und
Erfahrungen.

Ich überzeugte mich damals von dem
Gedanken, dass Kunst ein Weg sei, um
den eigenen Standpunkt zu definieren,
egal, ob mit der Schreibfeder oder einem
Pinsel. Dieser leitenden Idee versuchte
ich auch weiterhin zu folgen.

In der letzten Zeit ohne Auto wandte ich
mich ganz dem Stadtleben zu und blickte
nur mehr von manchen Minaretten
sehnsüchtig auf das in fernem Dunst
verschwimmende Land. Ich hatte genug zu
tun mit der Rahmung meiner Oelbilder
und dem Vorbereiten meiner Ausstellung
in der Villa du Caire, einem französischen

Feudalsitz vergangener Herrlichkeiten in fremdem Land.

Die Villa diente nun als Ausstellungshaus und Künstlertreff, wie es in ganz Kairo vielleicht keinen zweiten gab. Hier begegneten sich die Dichter, die Maler, die Filmemacher, die Schauspieler zu nächtlichen, manchmal sehr hitzigen Gesprächen. Am liebsten saß man hinter dem Haus in dem schmalen Korridor zwischen der Villa und dem nächsten Gebäude. Dort ließ man sich unter Lampengirlanden, gefächelt von tief hängenden Bananen-und Palmblättern nieder. Man diskutierte bei Tee oder Coca Cola über die letzten und vorletzten Dinge. Auch wurden Filme in diesem engen Gang gezeigt. Meiner Erinnerung nach handelte es sich meistens um Schwarz-Weiß Filme der Pionierzeit des Kinos. Vielleicht lag das aber auch an dem Vorführapparat. In dieser bunten Gesellschaft gab es auch manche Frauen, doch die Männer waren absolut in der Mehrzahl. Manche Künstler, vor allem die Maler, nahmen sich wichtig, wurden wiederum von anderen in der Gruppe runter gemacht. Es gab Intrigen und Mißgunst wie überall, wo frei schaffende Menschen zusammen kommen. Ich war in diesen Kreis geraten, nach dem ein Professor der Kunstschule mir die Genehmigung für eine Ausstellung in der Villa du Caire erteilt hatte. Und dies war wieder mehr oder weniger durch Zufall geschehen. Ich hatte die Kunstschule in Samalek als schattigen Ort mit angenehmer Atmosphäre für mich entdeckt. Gerne saß ich draußen zwischen den verschiedenen Gebäuden auf einem Mäuerchen und betrachtete den originalgetreuen Abguß der Nike von Samothrake, die da vor einer dunklen Hauswand unermüdlich vorwärts zu streben schien zurück zu den vertrauten Gefilden ihrer Heimatinsel .

Ich hatte das Original viele Jahre zuvor im Louvre auf einer Treppe stehen sehen, eingeschlossen von dem mächtigen Gebäude. Hier zwischen den exotischen Bäumen, unter dem freundlichen aegyptischen Himmel schien sie ihrer Heimat schon etwas näher zu sein. Manchmal wagte ich mich in die verschiedenen Zeichensäle, durfte zuschauen, was die Studenten aufs Papier brachten, und versuchte aus der Beobachtung zu lernen. So begegnete ich auch dem Professor, der einige meiner Arbeiten sehen wollte. Er war mir sicher wohlgesonnen. Denn dies waren meine ersten Versuche in Oel, und meine Begeisterung war größer als mein Können. Ich habe diese Leinwände inzwischen fast alle übermalt. Aber einige kleinere Sachen waren vielleicht schon ganz gut gelungen. Diese Abende in der Villa du Caire gaben mir wieder eine Gelegenheit, die Menschen zu studieren. Man hatte dort meine Zeichnungen mit großer Zustimmung begutachtet. Zugleich erhielt ich mancherlei Ratschläge, ich solle mich nur an jenen Mann halten und den Herrn X und Y auf jeden Fall meiden, das seien ganz arge Menschen! Vielleicht habe ich da etwas falsch gemacht. Jedenfalls erschien kein einziger dieser angeblichen neuen Freunde zu meiner Vernissage und Ausstellung , sondern sie blieben grußlos an den Tischen im Erdgeschoß hocken.. Das enttäuschte mich, war auch absolut unverständlich. Entschädigt wurde ich aber durch viele interessierte Besucher. Ich saß jeden Nachmittag in dem kleinen Saal neben meinem Gästebuch und sammelte verschiedenartigste arabische Eintragungen, die ich mir später übersetzen ließ und auf Englisch daneben schrieb. Es kam aber auch ein deutscher Prinz, der mir einige freundliche Zeilen widmete. Dann ein Journalist, der ein Interview machen wollte für seine

Zeitschrift. Ein dunkelhäutiges Paar aus dem Süden Aegyptens . Sie versprachen, noch öfters wieder zu kommen, weil meine Farben sie verzaubert hätten. Auch ein strenger Herr, der sich beschwerte, dass ich einen jungen Mann mit nacktem Oberkörper gemalt hatte und einige Susannen im Bade.

Mich bewegte die herzliche Teilnahme, die viele Besucher an den Bildern nahmen. Man konnte bemerken, dass sie nicht derart mit bildender Kunst verwöhnt waren wie wir in den europäischen Großstädten. Was meine Gemälde betraf, bezog sich die Beurteilung weniger auf die Malweise als auf die Motive: manche Aegypter waren erstaunt, dass eine Fremde in doch verhältnismäßig kurzer Zeit so Wesentliches aus ihrem Leben erfasst habe. Der Journalist hob hervor, es handle sich um ein bisher noch unbeachtetes Motiv, das ich dargestellt habe: Mensch und Tier gemeinsam in der Landschaft.

Diese Ausstellung war jedenfalls für mich ein echtes Vergnügen: die Besucher betrachteten meine Bilder, und ich betrachtete die Besucher! Hinterher musste ich die Leinwände aus ihren billigen Rahmen nehmen, um sie, zu einer großen Rolle übereinander gerollt, im Flugzeug mit nach Hause nehmen zu können.

Es ging auf den Sommer zu. In den heißen Nächten konnte ich oft nicht durch schlafen, obwohl der Propeller mit weiten Schwingen an der Decke kreiste , einem Vogel gleich, der niemals landete.
Ich dachte an meinen Rückflug, stand mehrere Male während der Nacht auf, um die Unterarme im Leitungswasser zu kühlen und Tee aus dem Kühlschrank zu trinken. Mit meiner Tasse setzte ich mich ans Fenster. Schräg gegenüber war ein Jugendstilhaus mit Zopfmustern und Ziegelsteinfeldern zwischen dem Stuck. Nie sah ich dort einen Menschen. Zwar

öffneten und schlossen sich die Augenlider der Jalousien je nach Sonnenstand, doch blieben die Fenster immer geschlossen.

Anders der Erker des anschließenden Hauses. Ich konnte auf zwei Balkone blicken und in die dahinter liegenden Zimmer, da die Balkontüren weit geöffnet waren. Im oberen Stock litt ein dicker Mann anscheinend schwer unter der Hitze. Er saß nahe beim Geländer, die Beine gespreizt, die Arme schlaff über das Geländer hängend. Abwechselnd schenkte er sich eine Flüssigkeit aus dem Krug neben sich in sein Glas, führte es zum Mund und sog dann wieder an seiner Zigarette, die er in der linken Hand hielt. Wenn er den Qualm inhalierte, glühte die Zigarettenspitze auf wie ein Signal. Schließlich dann verschwand er in den hinteren Räumen und kam zurück mit einem Kissen unterm Arm, das er auf der Schwelle zum Balkon niederlegte. Dann ließ er sich schwerfällig auf die Knie gleiten und streckte sich auf dem Fußboden aus. Einige Zeit lang sah ich noch das rhythmische Aufglimmen der Zigarettenspitze, bis er endlich den Schlaf gefunden hatte.

Im darunter liegenden Stockwerk unterhielten sich Abend für Abend drei Männer in weißen Galabias friedlich auf dem Balkon. Manchmal verstummte das Gespräch, sie standen auf, gingen in den angrenzenden Räumen hin und her, um sich bald wieder auf den kühleren Balkon zu flüchten. Ich stellte mir vor, es seien gute Freunde, die Gespräche führten über Politik, die Preise, die Frauen.

Irgend etwas in der Haltung dieser geruhsam Plaudernden mit den fließend weißen Gewändern ließ mich an die Zeiten Platos denken, an die endlosen philosophischen Gespräche, die er mit seinen Schülern geführt haben muß. Freundschaft als die edelste, ungetrübteste

Möglichkeit der Beziehung zwischen den Menschen...

Wenn ein erstes Rot den Himmel färbte, begannen von den Dächern der Häuser, auf denen die Baladins sich Enten, Kaninchen und Hühner halten, die Hähne zu krähen. Später erklang die Stimme des Muezim von den Minaretten zum ersten Frühgebet. Unten vor den Häusern gingen dann immer noch die Wachsoldaten auf und ab. In schwarzem Wollstoff oder weißer Baumwolle, je nach Jahreszeit. Manche schliefen gegen die Mauern gelehnt. Sie schreckten auf, wenn die ersten Pferdekarren hoch beladen mit Kohlköpfen und Orangen vom Großmarkt kamen. Auch die sanften , schwer ziehenden Esel trabten vorüber, die den Hausmüll zu Halden brachten, auf denen die Frauen im Unrat wühlen, um zu sortieren und brauchbare Metalle auszusondern.

Das morgendliche Klappern der kleinen

Hufe auf dem Asphalt weckte erneut

meine Sehnsucht nach der Landschaft mit

den sprudelnden Bächen und den hohen

Palmenhainen.

Diese Erinnerung bleibt für mich ein

Traum, den ich niemals verlieren möchte.